大家说科学

主编　许宏球

科学大讲堂
丛　书

浙江科学技术出版社

图书在版编目（CIP）数据

大家说科学 / 许宏球主编. — 杭州：浙江科学技术出版社，2016.9

（科学大讲堂丛书）

ISBN 978-7-5341-7268-7

Ⅰ.①大… Ⅱ.①许… Ⅲ.①科学知识—普及读物 Ⅳ.①Z228

中国版本图书馆CIP数据核字（2016）第212312号

从 书 名	科学大讲堂丛书
书　　名	大家说科学
主　　编	许宏球

出版发行　浙江科学技术出版社

杭州市体育场路347号　邮政编码：310006

办公室电话：0571-85176593

销售部电话：0571-85062597

网　址：www.zkpress.com

E-mail：zkpress@zkpress.com

排　　版	杭州兴邦电子印务有限公司
印　　刷	杭州下城教育印刷有限公司

开　本	710×1000　1/16	印　张	10
字　数	136 000		
版　次	2016年9月第1版	印　次	2016年9月第1次印刷
书　号	ISBN 978-7-5341-7268-7	定　价	30.00元

责任编辑　方　裕　　**责任美编**　金　晖

责任校对　赵　艳　　**责任印务**　田　文

序

由杭州市科学技术协会主办的“科学大讲堂”，旨在进一步推动科学文化创新，活跃科学文化传播，在弘扬科学精神、普及科学知识、传播科学思想、倡导科学方法的同时，着力打造以科学引领生活的精品力作，提高公民的综合科学素养与健康生活品质。

为了让更多的公众受益，我们从“科学大讲堂”的授课资料库中精选出名家精彩讲稿，以丛书形式分期编辑出版。本书共收录14篇名家的精品力作，涉及内容范围较广，既有大家想了解的天文、地理的热点问题，也有大家非常关注的吃、穿、住、行方面的安全问题，书中所列举的也都是百姓所喜闻乐见的科学发展典型事例，是一本值得花时间阅读的科普图书。

以“解读科学精神”为主线、以“当今科学热点”为话题、以“科学家与公众面对面”为形式是“科学大讲堂”的特色。书名中的“大家”一词，既代表了书中群星灿烂的科学名家群体，也代表了所有讲座现场的听众和本书的读者。21世纪是知识不断创新、科技突飞猛进的新时期，科学技术创新将给世界各国带来巨大的发展机遇，也带来严峻的挑战，中华民族要实现民族振兴和国家繁荣富强的“中国梦”，就必须紧紧跟上现代科学技术的发展潮流。我们不仅需要培养一批杰出的科学家，更需要将最新的科技成果和知识向大家传播，让大家的生产、生活与现代科学技术的发展紧紧相连，加速提高全民科学文化素质和科学思维能力。

我们期待着本套科普丛书出版后，能够使更多的人获益，得到更多读者的关心和支持，以多层次、立体化传播为延伸，巩固和扩大“科学大讲堂”品牌，打造杭州科普与文化建设的“金名片”。殷切期望热心的读者对本书的编辑出版工作提出宝贵的意见和建议，共同呵护这套科普丛书的成长。

编　者

2016年5月

目录

下一个目标——火星

主讲人介绍

卞毓麟，中国科普作家协会副理事长。

除了地球村之外，人类现在唯一到过的星球就是月球。经过几十年的探索后发现，月球表面没有大气，是超高真空状态，并不适合我们人类居住。

今天我们所要讲的是，在月球之后人类将到哪里去？中国将探测哪一个星球？可以肯定地说，下一个目标就是火星。

一 认识火星

为什么下一个目标会选择火星呢？让我们先来了解一下火星。

我们知道，太阳系有八大行星，从离开太阳的距离由近到远来排序，地球是第三颗行星，火星是第四颗行星。金星是地球的一个近邻，但它的大气层非常浓厚，密度和大气压强非常大，而且里面充满着二氧化碳。金星表面温度超过450摄氏度，如果把金属铅或者金属锡放在金星表面立刻就会熔化，这里根本不适合人类居住。因此，人们把目光瞄准了地球的另外一个近邻——火星。

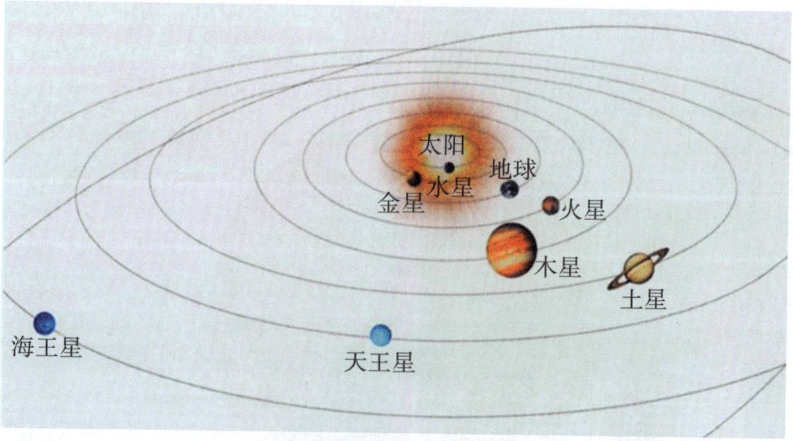

在天文学中有一把用来测量距离的“大尺子”，叫作天文单位，就是把地球到太阳的距离（大约1.5亿千米）定为1天文单位。

火星到太阳的平均距离是1.5天文单位，也就是说火星到太阳的距离是地球到太阳距离的1.5倍，而木星、土星、海王星距离太阳都比较远。火星之所以吸引我们，还有一个原因就是它和地球很相似，有时候人们觉得它简直就是一个袖珍的地球。假如我们有一架非常巨大的天平，天平一边放1个地球，另外一边就要放上9个火星才能够平衡。月球的质量只有地球的1/80，相比之下，火星的质量与大小更接近地球。

火星与地球还有许多相似之处：地球的一昼夜为24小时，而火星的一昼夜为24小时40分，昼夜长度非常接近；地球的自转轴相对于公转平面是倾斜的，倾斜了23.5度，而火星的自转轴也是倾斜的，倾斜了25度，倾斜度也很接近。如此看来，火星上的昼夜和四季与地球是差不多的。因为火星离太阳比较远，表面温度

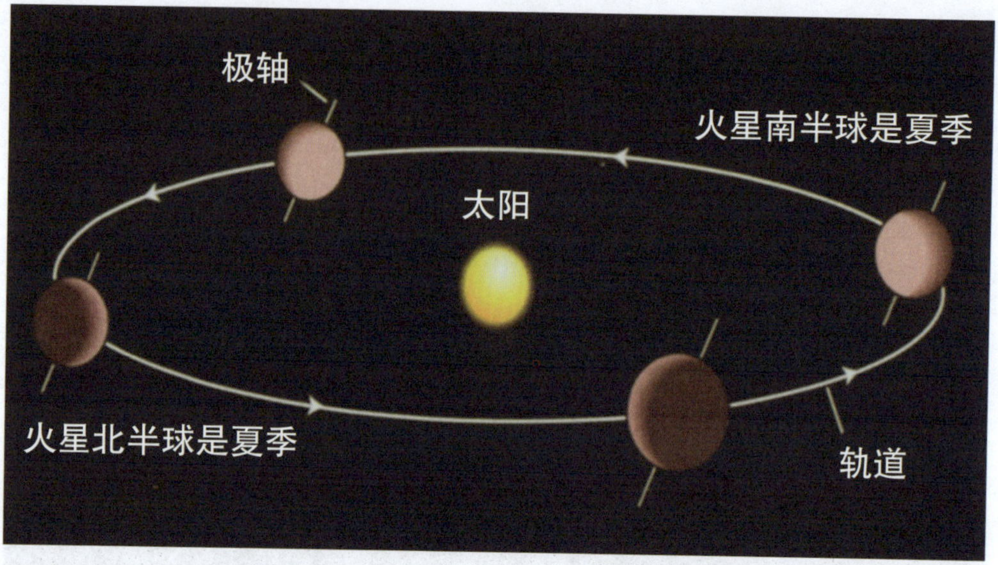

要比地球低，所以火星要比地球寒冷。火星上的气温大致和地球的南极洲相近，在夏天的时候比较暖和，有时候气温也会高于零度，并不算太冷。更重要的是，火星上有大气。虽然大气比地球上要稀薄，而且主要是二氧化碳，但它比没有大气的月球要好得多。

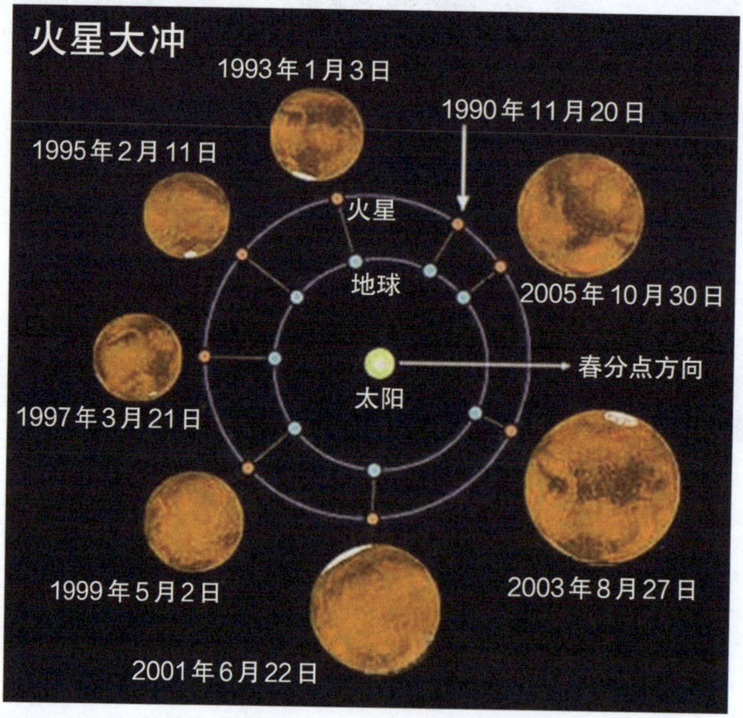

什么叫火星冲和火星大冲？如左图所示，地球绕着太阳转动的是里圈，火星绕着太阳转动的是外圈，就像运动场上

的跑道，里圈的周长比外圈的短，所以同样跑一圈，地球比火星跑得快。比如1995年2月11日，地球刚好又赶上火星了，一般每隔两年多地球和火星就要靠近一次，当火星和太阳分别处在地球的两侧时，这一天象就叫作火星冲，或者叫火星冲日。由于地球和火星绕太阳转动的轨道都是椭圆的，所以有些时候地球和火星就会靠得特别近，这个时候就叫作火星大冲，一般15～17年才发生一次。火星大冲就是火星离地球最近的时刻，这显然是我们探测火星的好机会。历史上有很多有趣的关于火星大冲的故事，如在一百多年以前，有一位意大利天文学家斯基亚帕雷利，于1877年9月绘制了两幅火星图，他想象大片暗的地方就相当于地球上的海洋，比较明亮的地方就相当于地球上的陆地或者沙漠，线条则相当于地球上的大江巨川。英国著名作家乔治·威尔斯创作了《两个世界的战争》，此书的中译本是《大战火星人》，讲述的是火星人入侵地球，火星人要把地球变成他们自己的家园。这只是一本科幻小说，现在没有证据证明火星人是存在的。

当然，要搞清楚火星上有没有生命存在，最可靠的办法是发射宇宙飞船到火星上去，看看那里到底是什么样的。即便在火星大冲时，和地球相距也有5600万千米，要比月亮远150倍，宇宙飞船从地球飞到火星也要半年多的时间。

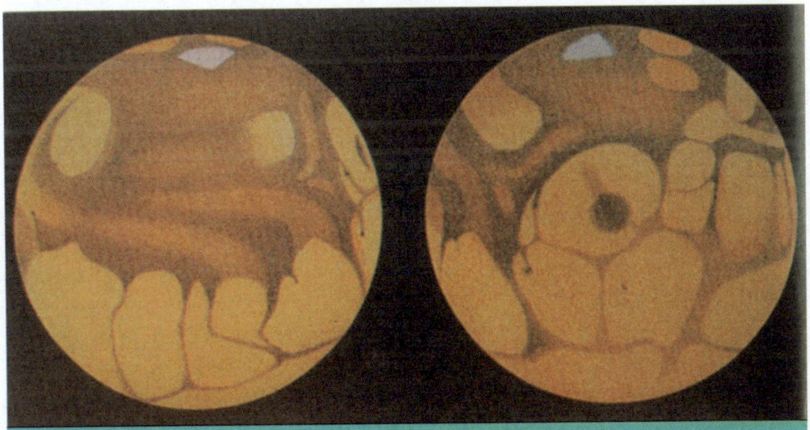

斯基亚帕雷利（1835—1910）的火星图

二 人类为什么要探测火星

人类为什么要去探测火星？意义是多方面的。

人类已经采用各种高科技手段探测了木星、水星、海王星等，发现都是没有生命存在的。那么为什么还要探测火星呢？这里不妨说一说气候问题。现在地球气候反常，全球变暖，人类搞不清楚气候变化规律。地球上的气候系统是一个很复杂的系统，地球上有陆地、海洋和大气，这几个部分的相互作用非常复杂，一会儿台风来了，一会儿寒流来了，人们还不清楚陆地、海洋、大气之间的相互作用是如何产生并造成如此复杂的气候现象的。我们不妨设想一下，地球上只有陆地和大气这两种东西，气候变化会不会相对简单一些呢？或者说只有海洋和大气而没有了陆地，这个时候地球上的气候情况又会如何呢？也就是说先把它们分开来研究清楚，然后再把它们综合在一起，就取得“快刀斩乱麻”的效果。可是你能把地球上的海洋拿掉吗？能把地球上的陆地拿掉吗？这显然是做不到的。但是我们可以去其他行星做试验研究，比如说火星上只有陆地和大气而没有海洋，木星上有海洋和大气而没有陆地。因此，其他行星给我们提供了很好的实验室，我们可以先去研究火星、木星的气候状况，并把研究成果带回地球，作为研究地球气候的参考。

还有，生命是一个很复杂的系统，比如人究竟是怎样得病的？细菌、病毒是怎么产生的？埃博拉病毒为什么那么恐怖？人是怎么衰老的？人的记忆和意识到底是怎么回事？总之有很多生命现象都还是未解之谜。为什么生命之谜如此之难解？其中一个重要原因是地球上物种太多，有几百万种，但组成所有地球上生命的高分子有机化合物都是同类型的，都是以化学元素碳为基础的，经过同样一些类型的化学反应，生成了越来越复杂的化合物，从无生命变成了有生命。地球上所有的生命都有共同的起源，从最简单的生命开始逐渐演化到了今天，说到底地球上的生命是一家人，没有其他生命可以做对比研究。假如我们在火星上发现了生命，那么意义就大了：如果发现火星生命跟地球生命基本上是一样的，就等于告诉我们不管在哪里，生命基本上就是这个模样；如果火星上的生命和地球上的完全不一样，那就是火星型生命了。这样就带来了一个新的研究问题，为什么地球上的生命是这样的，火星上的生命是那样的？这就使得我们对整个生命的理解和认识都可以深化下去。当然，火星也可能没有生命。那么火星上有没有复杂的有机化合物？如果存在，这些有机化合物就是通向生命之途的半成品。那么为什么它们最后没有进化成生命，而地球却变成了一个生命的乐园，原因何在？这些都是非常值得我们去研究的。如果火星上连复杂的有机化合物都没有，那么又提出了一个很深刻的问题：火星是一个袖珍的地球，火星跟地球那么多相似的地方，大小相似、质量相近，昼夜和四季相似，地球成了一个生命的乐园，而火星上却没有生命的迹象，这又是怎么回事呢？科学努力的目标就是要回答这些问题。所以探索其他行星确实有很多重要的意义。

人们对火星的探测连续不断，如1997年“火星探路者号”探测器在火星上着陆，拍摄了很多照片，重要的是“火星探路者号”还带了一辆“旅居者号”火星车，用其仪器探索石头的成分和结构。2004年初，美国派了一对双胞胎“勇气号”和“机遇号”火星探测器登上了火星，主要任务是探明火星的气候状况，掌握火星的地质特征，调查火星上有没有水，寻找是否存在生命的证据，为人类亲自踏上火星做好准备。

2004年11月16日与17日，“勇气号”拍到了火星云。火星上的云不像地球上的云是由水汽组成的，火星上比较冷，云是由冰晶形成的。

2004年3月2日，美国国家航天局展示了一张火星岩石的照片。从照片上可以看到，火星岩石是薄片状的结构，极有可能是水的作用所致，证明火星上有过流水。科学家们觉得这个石头非常之可爱，所以给这个岩石取了一个很亲切的名字

叫“咪咪”。

另外，从欧洲的“火星快车”探测器所拍的照片上发现，火星上有一个很大的峡谷，叫作“水手”，这个峡谷非常之长，相当于从杭州到拉萨的距离。这个峡谷的模样与地球上的峡谷地貌很相似，这肯定是冰川流水侵蚀所造成的，因此联想到火星上应该有水。

现有大量的证据和迹象表明火星上至少是有过水的，水是生命存在之关键，那么火星上的水到哪里去了呢？这是很重要的问题。

三 火星:挑战与机遇

火星上曾经存在大气与水,这就向我们提出了挑战,以及我们现在面临着什么样的机遇,这些都有待我们去研究、去考证。

火星上的流水究竟到哪里去了呢?根据火星探测器发回来的大量数据分析,火星上的大部分流水是到火星的极冠里面去了。火星上有南极冠和北极冠。火星南极冠的主体是冰晶结构,大部分冰晶是由水结成的,还有一些是由二氧化碳组成的冰(就是所谓的干冰),也就是说南极冠是由水冰和干冰形成的冰川,说明火星上过去的流水现在是以固态的冰的形态存在。

2005年,美国发射了一架“凤凰号”火星探测器,它在火星北极冠附近着陆。这个位置相当于地球上的西伯利亚,是一个永冻层,按照体积计算,冰的含量超过80%,这证明有大量的水是以冰的形式存在于火星的地表之下。这是一个很好的消息,将来对人类是非常有用的,至少火星可以为人类提供水资源。

2012年8月6日,“好奇号”火星探测器在火星上降落,它长约3米,宽约2.7米,带有核能的电池,比第一辆火星探测器已经有了很大的进步。“好奇号”证实,火星上的确存在一个足够支持生命生存数万年的古老湖泊,并存在支持微生物存活的各种条件。在湖泊周边发现了雪的迹象,可能是当时山峰上的冰块遇到火山爆发留下的,这一切都证明火星此前的环境可能类似地球。该湖泊

长50千米，宽5千米，湖泊的水可以直接饮用。目前，未发现湖的周边存在任何微生物的痕迹，但目前的环境完全能够支持微生物存活和发展。

虽然至今未发现火星上有任何生命存在的迹象，但并不等于那里没有生命，因为有水就有可能存在生命，人类仍在努力寻找火星上的生命。预计在2020年可将火星样品带回地球，在2030年后宇航员将亲临火星实地考查。

四 关于“火星开发”

人类将来要开发火星，这已经不是很遥远的梦想，而是已经成为要努力实现的目标。

中国的航天事业已为世界所瞩目，从“神舟5号”到“神舟10号”，从“嫦娥3号”到“月兔号”，以及2011年9月29日21时16分发射升空的“天宫一号”这个为中国下一步建造空间站而研制的空间实验站雏形。那么中国将于什么时候发射探测火星的飞船呢？很可能是2018年或者2020年。中国将要发射空间站，而载人登月和载人登火星都需要空间站的支持。空间站其实相当于一块跳板，载人飞船不能带太多的东西，因为它从地球飞到火星需要半年多的时间，再加上在火星上工作的时间以及回来的时间就至少一年多。如果一艘载人飞船运载3个人到火星上去，那么3个人这一年多时间的食物该如何运送到火星呢？这是个难题。因为宇宙飞船中的仪器设备重量和体积都是严格限制的。所以只有一个办法，就是把要吃要用的东西预先多次发射到太空中间去，然后再发射宇航员的飞船上天，让它们在空间站汇合，再一起飞往火星。这样飞船需要的推力和燃料，就比从地球上直接发射上去要少很多了。

无论如何，总有一天地球人将会登陆火星，科学家甚至已经勾画出未来的宇航员登上火星的情景。

地球人登上火星，就像到南极考察的时候要建南极基地一样，到火星上也要建立火星基地，天长日久，可能就会在火星上形成火星村或者火星城。再想得更远一点，就叫作火星地球化。现在的火星是一个红红的火星，因为火星上面铁的化合物很多，有点像地球上的沙漠，希望有朝一日我们能让火星变成一个绿的火星，上面有河流、湖泊和植物，到最后变成一个蓝火星，就像我们的地球一样。“火星地球化”三部曲并非空穴来风，科学家正在认真研究这个问题。

那么如何才能把红火星变成蓝火星呢？现在科学家们有不少大胆设想。例如，在火星上面实行一场温室效应革命，在火星上面释放大量二氧化碳、甲烷等温室气体，使得火星表面温度有所提高。温度升高后，火星表面的二氧化碳和水蒸气就会自动释放到大气层中间，大气会不断地增加，大气的浓度也会增高，然后逐步培养各种植物，释放氧气。当火星上有了广泛的植被之后，地下就会释放更多的水，经过千年或者更长的时间，火星就可能达到充分的地球化。

这个设想听起来有点像天方夜谭，但是科学家们正在很细致地进行每一步论证，努力使这个梦想成真。假如有一天实现了这个设想，火星就成为人类的又一个家园。这样，地球上的人类就可以分流为两支，一支继续留在地球上做地球村的居民，而另一支就移居到火星上去，做火星的居民。

食品安全的真相与误区

主讲人介绍

陈君石，中国工程院院士，中国疾病预防控制中心营养与食品安全所研究员，博士生导师。

消费者对食品安全的认识是“现在我们还能吃什么”，而在食品专家的眼里，我国的食品安全状况基本上是好的，当然也存在一些问题，有些甚至还比较严重。因此，我们有必要解读一下食品安全的真相与误区。

应当指出的是，单纯找到了食品当中的一种有毒、有害物质，并不等于它一定会对消费者的健康造成危害。

一 什么是食品安全

根据《中华人民共和国食品安全法》对食品安全的定义，食品安全指食品无毒、无害，符合应有的营养要求，对人体健康不造成任何急性、亚急性或者慢性危害。

食品安全的具体含义有三个层次：

第一层是指食品数量安全，即一个国家或地区能够生产民族基本生存所需的膳食。

第二层是指食品质量安全，即提供的食品在营养、卫生方面满足和保障人群的健康需要，食品质量安全涉及食物的污染、食物是否有毒、添加剂是否违规超标、标签是否规范等问题，需要在食品受到污染之前采取措施，预防食品的污染。

第三层是指食品可持续安全，即从发展角度要求食品的获取应注重生态环境的良好保护和资源利用的可持续性。

根据世界卫生组织（WHO）对食品安全的定义，食品安全指食物中有毒、有害物质对人体健康影响的公共卫生问题。

“有毒、有害物质”和“对人体健康影响”是两个关键词，必须同时存在，才能构成食品安全问题。按照这个条件来衡量，市场上绝大部分的食品安全问题并不符合这个定义，因为你随便买一瓶饮料或一包饼干，把它送到实验室去检测，一定能够检测到重金属，比如铅含量，检测出来的数值不可能等于零。当今的检测技术非常发达，只要有一丁点儿有毒、有害物质都能被检测出来，所以检测出食品当中存在有毒、有害物质是非常常见的。

事实上，最近几年我国所发生的各种各样的食品安全事件当中，绝大部分都不符合这个定义，也就是说我们没有那么多真正的食品安全问题。需要强调的是，单纯找到食品当中的一种有毒、有害物质，并不等于它就一定会对消费者的健康造成危害，也就不是真正的食品安全问题。

二 食品安全危害与风险

为了加深对食品安全的准确理解，我们有必要对食品安全危害与风险作一些了解。

1. 食品安全危害

食品安全危害是指食品中所含有的对健康有潜在不良影响的生物、化学和物理的因素或食品存在的状况。

食品安全危害可分为生物性危害、化学性危害、物理性危害等种类。

（1）生物性危害：细菌会引起食品腐败变质，引起食源性疾病，食品一旦发生病毒污染，产生的后果将非常严重。在20世纪80年代，上海发生的食源性甲型肝炎波及30万人；1999年，宁夏肉品引起沙门氏菌食物中毒导致超过1000人中毒。

（2）化学性危害：重金属，如汞、镉、铅、砷等对食物的污染；农用化学药物，如杀虫剂、除草剂、抗氧化剂、促生长素、抗霉剂以及消毒剂等，或畜、禽、鱼等动物在养殖过程中使用的抗生素、合成抗菌药物等，这些化学药物都可能给食物带来危害；洗消剂，主要是指使用非食品用的洗消剂或不按科学方法使用的洗消剂，造成洗消剂在食品及用具中的残留；其他化学性危害，如滥用机械润滑油等其他化学性危害。

（3）物理性危害：包括碎骨头、碎石头、铁屑、木屑、蟑螂等昆虫的残体、碎玻璃以及其他可见的异物。物理性危害不仅令食品造成污染，而且也会对消费者的健康造成伤害。

我们应该充分认识到部分生物性的、化学性的、物理性的因素在食品当中是不可能被完全消除的，所以食品安全监管的任务不是完全消除危害，而是将风险控制在可接受的范围内。

2. 食品安全风险

"危害"和"风险"不能混淆。对食品安全而言："风险"是食品暴露特定的危害时，对健康产生不良影响的概率（如患病）与影响的严重程度（死亡、住院、缺勤等）之间构成的函数关系。

风险也就是食品当中存在的生物性、化学性或者物理性的危害通过食物进入人体产生不良健康作用的可能性和它的强度。风险是无所不在的，风险高会产生问题，风险低的可以忽视。食品安全十分重要，可能影响消费者的健康，可能使一个行业受到打击，造成重大的经济损失，还可能引发国际食品贸易争端。

世界各国都存在食品安全问题，无论是发达国家还是发展中国家，它都会随着社会的进步和发展长期与人类共存。无论从政府角度还是科学的角度，都无法预测什么时候能够消除食品安全问题。因为各国社会发展阶段不同，所面临的食品安全问题也不同。任何食品安全问题都要预防其发生，而一旦发生后就要正确应对。那么如何应对呢？世界各国达成的共识是一定要遵循风险分析的框架。

3. 食品安全分析框架

风险分析框架由三方面组成：风险评估、风险管理、风险交流。

风险评估是纯科学家行为，评估时不受任何政治、经济、文化、生活习惯（饮食习惯）的影响，结论是非常科学的。举个例子，前几年的“红心鸭蛋事件”就是在鸭饲料里非法添加了苏丹红，目的是使鸭蛋黄颜色更深，这样好卖，能够多赚钱。从风险评估的角度讲，科学家知道苏丹红是工业染料，属于非法添加物，禁止添加到饲料和食品中。苏丹红是有毒、有害物质，但目前没有数据证明对人有致癌作用，而且红心鸭蛋中的苏丹红含量非常有限。最后专家给出的结论是，每人每天大概要吃一千个添加有苏丹红的红心鸭蛋，并长此以往，才有可能对消费者的健康造成危害。当然，前提是人和动物对苏丹红一样敏感。这就是专家风险评估的科学结论，这个风险评估结论被如实提交给政府食品安全管理部门和官员。

风险管理是指如何在一个肯定有风险的环境里把风险降至最低的管理过程。因此风险管理者需要用风险评估的科学结论制定风险管理的措施，比如《中华人民共和国食品安全法》《食品安全国家标准管理办法》以及国家规定的检测方法、食品进出口监管等等，这都属于风险管理。和风险评估不同的是，风险管理的制定既基于科学家风险评估的结果，又不同程度地受文化、经济、社会发展阶段的影响，甚至包括社会舆论的影响。

风险交流所涉及的内容更广泛，除了涉及专家、政府官员等风险管理者之外，还涉及媒体、消费者、食品生产经营者、行业协会、消费者权益保护组织等。请注意下图中风险交流对风险评估和风险管理的箭头是双向的，不仅仅是政府发布信息，媒体、消费者、食品生产经营者发现问题后都可以去找科学家和政府部门要求解决；在风险评估和管理措施制定过程中，风险评估者和管理者之间也要进行交流和沟通，这就是风险分析的框架。

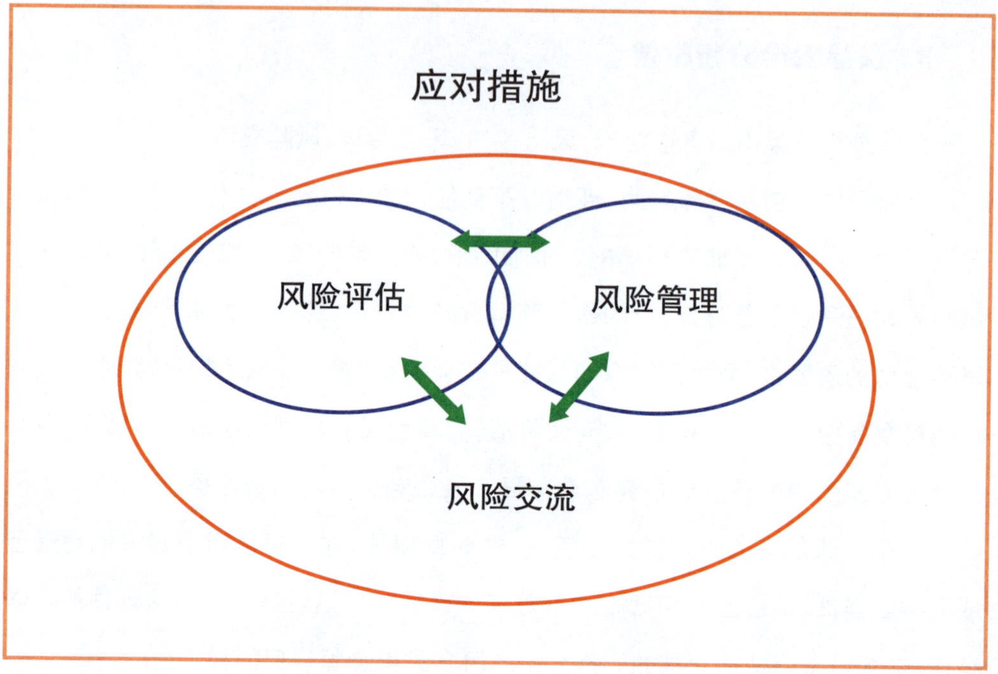

三 我国的食品安全问题

我国的食品安全总体情况是好的，而且一年比一年好。在十多年以前，根据国家卫生部掌握的每年全国食品抽检结果，只有50%～60%的产品是合格的，现在的合格率上升到90%以上，一些大城市都已达95%。例如酱油，以前因为生产工艺太落后，用大缸来进行发酵，微生物检测难以过关，现在对品牌酱油的工业化工艺完全改进，品牌酱油抽检合格率达到100%。但是，我们也要清醒地认识到，目前存在的食品安全问题还不少，有的还很严重，像添加三聚氰胺、瘦肉精这样的案例，需要政府相关部门加强管理。

在最近几年当中，我国的食品安全取得了长足的进步，具体体现在以下四个方面：

1. 食品安全风险监测体系建设

自2009年6月实施《中华人民共和国食品安全法》以后，全国各地迅速建立食品安全风险监测体系，到了2011年，已经覆盖了31个省、市、自治区，再加新疆建设兵团，共设立了1200个监测点，涵盖17类食品，15.56万份样品，109项微生物、化学物的指标。现在监测点数量每年还在不断增加，1年能获得100多万条监测数据。一些相当重要的问题就是通过监测数据发现的，例如某知名品牌的婴幼儿配方奶粉中汞含量异常高的问题。通过监测，还特别发现了非法使用农药的问题，对浙江省来讲，最突出的问题就是茶叶里面的农药残留的问题，这是属于高风险的。另外，超量使用甜蜜素等问题也普遍存在。

2. 食品安全风险评估体系建设

2009年6月实施《中华人民共和国食品安全法》以后，当年12月成立了第一届国家食品安全风险评估专家委员会，由来自全国不同地区、不同专业的42名专家组成。2011年10月，国家食品安全风险评估中心成立。这充分说明了国家对于食品安全的重视。评估专家委员会和评估中心成立以后，制定了非常详细的评估项目。根据各个部门提供的意见，进一步确定哪些项目应该优先进行风险评估，包含化学性的危害与微生物性的危害。

例如我国对含铝的添加剂使用率比较高，而且不少是超量使用。为此，2010年国家食品安全风险评估中心对膳食铝暴露进行了风险评估，这个评估项目的目的是监测中国人到底每人每天吃进去多少铝，它的风险是高还是低，哪些人群的风险高，需要引起管理部门的关注和行动。因此，利用大量的全国性数据，通过6654份样品的检测发现膳食铝大部分都存在于面制品，如面粉、油条、馒头、粉条、油饼、麻花、炸糕等食品中。评估的结论是，每人每周每千克体重摄入不超过2毫克的膳食铝是安全的。即使超过了这个每周安全摄入量，也不要惊慌，这还不至于引起中毒，只是发生不良健康作用的风险会增加一些。进一步的监测还发现，7至10岁和11至14岁儿童膳食铝摄入的主要来源是膨化食品。

最后专家评估报告提出了很多条建议，此评估报告上报国家卫生部后，国家卫生部办公厅马上采取行动，发文在全国征求意见，对明矾等13种含铝添加剂征求规范使用意见，修改食品添加剂使用安全标准。现在已对含铝添加剂的使用做出了一系列规定，总而言之是大幅度地降低用量和使用范围。发酵类食品不再允许使用含铝添加剂，儿童膨化食品也不允许添加含铝添加剂，有的虽然可以使用，但添加量的标准大大降低。还有极个别未作修改，比如海蜇，如不使用含铝的明矾就没法吃，在没有找到其他替代物之前，暂时先保留，但其用量要在风险评估安全值以内。

3. 清理整顿

2010年1月，我国成立了国家食品安全标准审评委员会，国家卫生部陈竺部长任主任委员，下设10个委员会。通过了近370项标准审评，其中300项已由国家卫生部颁布，包括：乳品安全国家标准；污染物限量、真菌毒素限量、食品添加剂使用、预包装食品标签、食品营养强化剂、预包装食品营养标签等基础标准；食品添加剂产品标准、复配食品添加剂标准以及蜂蜜、速冻预包装面米制品、不锈钢锅等国家标准。

在我国，食品安全至少有三套同样都被称为“国家标准”的标准：第一套是由原国家卫生部主导的《食品卫生标准》；第二套是由国家质量监督检验检疫总局主导的《食品质量标准》；第三套是由农业部主导的《农产品质量安全标准》。以上三套标准都是国标，具有强制性，其间矛盾显而易见，由于不是一个部门制定，规定的内容不一致，给食品制造企业和管理部门造成了不必要的麻烦。自《中华人民共和国食品安全法》颁布实施之后，对这些标准进行清理整顿，只允许有一套国家食品安全标准，凡是与安全无关的质量标准都将要清理出去。2013年，国家食品安全标准审评委员会启动对5000余项食品标准的系统清理工作，力争用3年的时间完成所有的清理工作，解决食品安全标准交叉矛盾的问题。

4. 加强监督管理

我国在食品安全监督管理方面也取得了长足的进步。例如，查处非法添加，曝光滥用食品添加剂，严查瘦肉精、捣毁地沟油生产链等，足以证明近年来在食品安全监督管理方面取得的成绩。

然而消费者仍然感觉食品安全问题越来越多，我们可以把消费者的观念归结为以下五点：①消费者要求“零风险”，而初级农产品与食品生产在短时间内无法实现规模化、标准化，出现问题在所难免。②消费者笼统地将假冒伪劣食品与真正的食品安全问题画等号。③基本解决温饱后，消费者对食品安全性的要求提高了，维权意识高涨。④政府加大监管力度，原来没暴露的问题如今开始显现。⑤政府风险交流力度弱，新闻报道鱼龙混杂，虚假和夸大的报道误导消费者。需要注意的是，以上五点不能互相割裂，必须综合起来看。

风险交流是我国当前实施风险分析框架的薄弱环节，如消费者的担心缺乏科学根据，信息严重不对称；政府没有专门风险交流机构、人员和经费；缺乏独立的民间风险交流平台。为什么会出现这种情况呢？这是因为政府风险交流的缺失，某些媒体虚假和夸大的报道，比如以讹传讹的奶粉激素、夸大危害的反式脂肪酸、污名化的食品添加剂、转基因食品、强化食品（碘盐、铁酱油）等，误导了消费者。风险交流中的问题包括：专业机构缺位，且时效性和透明度差；权威专家不愿意面对媒体；某些媒体抓住新闻不经核实就发布。

现实的情况是，正确的科学信息明显处于劣势，而没有科学依据的误导信息却大占上风。其结果是造成了消费者对食品安全的过度担心，影响了权威机构的公信力，不利于食品安全问题的解决。

四 食品安全的误区

为了加深对食品安全真相的认识，特别罗列了消费者容易产生误解的几个问题。

误区一：食品就应该是100%安全的。很多专家表示："世界上没有100%安全的食品，科学家和企业仅仅能将风险降低到一定的水平。"消费者肯定希望食品"零风险"，但这是不现实的。举个例子，如果因为玉米、花生含有黄曲霉毒素而不用来榨油，那么一些人可能会没油吃。

误区二：全天然食品就安全。很多人认为不常见、不熟悉的食品是不安全的，纯天然、没有添加剂的食品就是安全的。事实不见得是这样，如纯天然土豆的营养素含量高，但食用过量也会导致疾病。

误区三：吃了含致癌物的食品就会得癌。含有致癌物和吃了就致癌是两回事，判断某种物质是否对人体有害，要有个"量"的概念，人体摄入某种有害物质达到一定的量，才有可能对人体产生危害。

误区四：重视化学性污染，忽视食源性疾病。大家都关注苏丹红等化学性污染事件，而忽视发生在身边的腹泻等疾病。食源性疾病指凡是通过食入病原体而患的感染性或中毒性疾病，已成为我国头号食品安全问题。因此，政府部门应加强对生食水产品、乳制品、生食蔬菜的监控。

误区五：将假冒伪劣视作食品安全问题。食品安全问题是有毒、有害物质对人体健康造成影响的公共卫生问题，而不是食品质量问题。一些食品安全问题是由假冒伪劣产品所造成的，而非食品本身的问题，如果都将矛头指向食品安全，会直接导致消费者对食品产生恐慌心理。

误区六：含有添加剂的食品不安全。其实，科学、合理、合法地使用合格的食品添加剂是食品科学的进步。食品添加剂有严格的批准审查制度。有些添加剂本身还具有营养成分，比如食盐、硒、锌等。

误区七：使用了农药、化肥就一定会对食品的安全性构成威胁。科学、合理、合法地使用农药、化肥，是现代农业科技的成果，是保证农产品品质和数量的前提，不会造成食品不安全。

误区八：把不合格的食品等同有毒食品。人们习惯于把外壳涂食用矿物油的瓜子称作“有毒瓜子”。其实，矿物油具有通便等作用，国家允许将其用在食品加工中。这样的瓜子不符合食品卫生标准，但不等于有毒。

误区九：食物颜色越鲜艳就越安全。比如：本色偏黄的牛百叶，变得雪白发脆，大多是用双氧水浸泡过的；变得鲜黄发亮的黄花菜都是用硫黄熏出来的；那些形状异常饱满、巨大的果蔬，很可能是使用激素类物质造成的畸形。

五 食品安全自我保护三措施

1. 食物多样化

食物多样化是《中国居民膳食指南》中的第一条，保证均衡营养膳食，用来对付食品安全问题同样有效。比如，有人说韭菜中容易残留农药，那为什么要天天吃呢？如果一周吃一次，就会把农药残留的风险大大化解了。合格的产品是绝大多数，不合格的品种是少数，多换品种，就把可能的风险降低或者化解了，既有利于营养，又有利于食品安全。

2. 买品牌食品

像买衣服、鞋子一样，食品也要挑选品牌，而且要去大超市买，因为大超市品牌食品比较齐全。比如，原来没有品牌豆腐，现在都有了，今后，其他的蔬菜禽肉也都会有品牌。品牌不是表明哪个农民生产的，而是从哪个产地出品的，大超市的管理严格，来源清楚，即使出了问题，也容易追溯源头。

3. 学会一点科学知识，保护自己

买回来的蔬菜担心农药残留，怎么办？有的消费者选择将蔬菜放在水里泡半个小时，可农药残留未必能泡掉，而维生素、矿物质等营养物质却被泡掉了，这是不可取的。也有的消费者用洗涤灵或高锰酸钾泡蔬菜，这是用一种化学物质去对付另一种化学物质，更加不可取。其实较好的方法是，让水龙头细水长流，用手机械擦洗的办法清洗蔬菜。不管是瓜果或叶菜，这种方式都可以洗掉大部分表面农药残留。另外，中国式的炒菜加热方式又能破坏掉一部分农药残留。所以即使买到农药残留超标的蔬菜，通过这样清洗和烹饪之后也会大大降低风险，所以不必过分担心。当然，消费者每天都买到农药残留超标的蔬菜也是不可能的。

食品安全问题不是中国“特产”，全世界都有，但是消费者对食品安全问题有如此严重的误解，却是中国食品安全问题的“特色”之一。

我国政府已经开始认识到这种信息不对称的危害，但还未采取强有力的、具有中国特色的风险交流政策、策略和措施。

民以食为天，食以安为先

主讲人介绍

李铎，博士，浙江大学食品科学与营养系教授，博士生导师。

俗话说："民以食为天，食以安为先。"食品安全营养问题和百姓生活息息相关，而近年来，食品安全问题却屡屡曝光，成为社会各界关注的焦点。究竟怎样吃才安全、怎样吃才营养？对食品安全和营养知识存在哪些误区？

假如你想要活得健康，吃得放心，就需要了解并掌握健康营养的常识。

一 人体对膳食的应答因基因而异

有科学家提出观点，人类最早起源于南非，经过长达7.5万年的长途迁徙，最终分散到世界各地。不论古今中外，还是男女老少，人类有99%的基因是相似的，只有1%的基因是不一样的，这点微小的差异，却形成了各色各样的人种，例如欧洲人、非洲人和亚洲人的差异。

起源于南非的人类祖先的相貌是一模一样的，为什么现在就不一样了呢？这是因为环境改变了基因表达，而膳食是环境里最重要的因素，从小的膳食结构造就了我们对食物和药物的应答都不一样。比如：外国人天天牛排吃得欢，我们吃一两顿还可以，时间长了绝对会想念大米饭；重庆人几乎顿顿都吃麻辣火锅，第二天却不会便秘上火；若让陕西人几天不吃面条，他们肯定心里堵得慌。这就是人类对膳食的应答。

全基因扫描把人类分为6个基因族和5个相应地区，欧洲和中东的人群很相似，中亚和南亚的人群有些相似，东亚和中亚、南亚的人群不一样，太平洋地区和美洲的人群也不一样。

这里举一个例子，在清朝末期，南京有个朱姓大家族，家族里的一部分人移民到了加拿大，另外一部分人继续留在国内生活。科学家把这两拨人进行了对比调查，发现居住在加拿大的朱姓后裔患冠心病的比率高达25%，留在南京的后裔却没有一个人患有这种疾病。科学家通过进一步调查得出，虽然两拨人都是华人，起源于同一个祖先，由于南京与加拿大的气候环境不同，从而膳食结构也不同，经过几代人的繁衍，就产生了不同的体质。这样的例子很多，假如你的家族有糖尿病的致病基因，只要你注意饮食，就可以做到一辈子不发病，因为膳食可以调节你的基因，让致病基因不会表达出来。

给蜜蜂幼虫喂蜂蜜吃，长大就是工蜂，如果给它喂蜂王浆吃，长大就是蜂王。可见膳食对动物的影响是多么的大。

吃荤好还是吃素好？长期以来一直是人们非常关心的问题。吃荤不吃素的狮子是陆地上最凶猛的动物，而吃素不吃荤的大象却是陆地上最大的动物。因此，吃荤与吃素各有各的优缺点。有人认为吃素的比吃荤的聪明，比如猴子很聪明，因为它是吃素的。但也有人反驳说吃荤的比吃素的聪明，老鹰是吃荤的，它能从200米的高空俯冲下去，仅用2秒时间就抓住了水里的一条鱼，老鹰比猴子更聪明。其实吃荤、吃素与聪明没有关系，与胖瘦没有关系，与个头大小也没关系，荤素搭配、以素为主、以荤为辅，才是营养、健康的进食方式。

总之，膳食和环境会改变一个人的基因表达，从而影响到个人智力和前途命运。

二 要懂得怎样吃才健康

中国人的平均寿命是74岁，而日本人是83岁。日本女性的平均寿命是86岁，中国女性只有75岁。再看一下平均寿命较长的国家，如澳大利亚、冰岛、意大利，平均寿命82岁，我们还差得很远。平均寿命的差距主要是饮食差异造成的，

饮食没有好吃不好吃，只有爱吃不爱吃，爱吃营养丰富的食物，就有利于身体健康。对于身体健康而言，膳食不在于味道好坏，而在于营养价值。

食品企业聚焦的是人们爱吃不爱吃，而营养学者关注的是食品健康不健康，对人体是否有益。举个例子，1993年，美国研究脂肪课题的营养学家开了一个圆桌会议，会上说，美国的心血管系统疾病的发病率与死亡率之所以这么高，是因为脂肪酸摄入比例太高，脂肪酸主要来自于牛羊肉和鸡蛋。圆桌会议结束后，经媒体铺天盖地地报道，肉和鸡蛋的价格大幅下跌。营养学家说，吃深海鱼如金枪鱼、三文鱼对人体健康有益，这些鱼的价格就上涨了。

糖尿病的发病率这几年在中国急剧上升，大城市发病率最高，越僻远的农村发病率越低。2型糖尿病的发病率与年龄直接相关，特别是45岁以后发病率明显上升。鸡鸭鱼肉吃得越多，对健康就越不利。

再看一下肥胖症。现在我国有30%以上的成年人体重超重或患肥胖症，其中城市人发病率高于农村人。如果能做到每天都吃自己家里做的饭菜，那么各种疾病的发病率和死亡率都会明显降低。

三 食品安全是提高生命质量的基础

食品安全性评价分为急性和慢性，吃完某一种食物，24小时以内引起的不适或者疾病，或者急性的临床事件称为急性安全，而24小时以上的统统称为慢性安全。

上图是一个实验室，设计得非常好，所有的接线板都悬挂在空中。实验做完后，去门口按一下按钮，悬挂的接线板就会自动收回顶棚的盒子中。他们为什么要这样设计呢？这是因为他们要让案板干净到可以用来动手术。在实验室里使用电锯在案板上锯肉，这和菜场里在案板上剁肉不一样，如果在剁肉的案板上铲一些下来送去培养细菌，24小时后细菌就会长得满满的。但在实验室的案板上切出来的生肉和在他们的生产线上生产出来的牛羊肉就非常干净。在实验室门口的门罩上，有三个高压水枪，第一个是热水高压水枪，里面是杀菌效果很强的洗涤液，用于第一道冲洗；第二个是普通自来水高压水枪，用它冲洗完后再用第三个强高压的蒸馏水高压水枪冲洗。冲洗完毕后，工作人员走出实验室，关掉外面所有的灯，实验室里的消毒紫外灯就开启了。因此，第二天在案板上做手术都没有任何问题。但是，过分干净对身体也有不利的一面。例如2000年在北京举行的食品安全国际论坛上来了很多外国专家，他们和中国专家吃同样的饭菜，可那天晚上，所有的外国专家都闹肚子，导致第二天参加不了会议，而我们中国专家却没事。这是为什么呢？原因是居住在不同地方的人，其肠道的菌群是不一样的，中国人肠道的菌群和生活在澳大利亚以及北欧国家的人也不一样。人每到一个新的地方，就要适应那里的菌群。只要在新的地方待一个星期以上，肠道新的菌群建立起来了，就能适应那一方水土了。

我国的违法犯罪成本太低，《中华人民共和国食品安全法》第八十五条规定：违法生产经营的食品货值金额不足一万元的，并处二千元以上五万元以下罚款；货值金额一万元以上的，并处货值金额五倍以上十倍以下罚款；情节严重的，吊销许可证。而在西方国家，对于食品安全的违法成本是相当高的，处罚非常严重，执法部门会评估企业总资产进行成倍的罚款，甚至让违法者的整个家族终生不能经商，不能从国家贷款。因为犯罪成本太高，所以他们就不敢违法。

当然西方国家也有食品安全问题，但是处理方式不一样。在美国，企业主只要发现一点点问题就会自主召回，第一时间通知超市下架。中国作为发展中国家，最大的问题是公共健康的食品安全综合体系还没有完全建立起来。

四 饮食与智力、健康的关系

碳水化合物、蛋白质、脂肪是人体所需的三大产能营养素。碳水化合物、蛋白质、脂肪都需要通过酶的消化，才能转化成人体可以吸收的葡萄糖、氨基酸、脂肪酸。

因此，营养学家建议不要吃生肉和生鸡蛋，吃生肉和生鸡蛋对身体几乎没有益处。因为蛋白质需要经过消化后，分解成氨基酸才可以被人体吸收。牛肉或者羊肉的蛋白质如直接进入人体血液，会引起变态反应。所以食物的蛋白一定要煮熟了吃，在体内分解成氨基酸，从肠道进入血液，血液再把营养素带到各个组织器官，最终合成人体自身所需的蛋白质。

维生素、矿物质、水是人体必需的非产能营养素。水是通过细胞膜进入细胞的。人在年轻的时候看起来水灵灵的，特别是婴儿的脸部每一个细胞都像打足水的小气球，可是到了老年就干瘪了。这是因为人一旦进入了老年期，水就不那么容易进入细胞了。

高脂肪食品有损脑记忆力。肉块中的白色花纹，就是脂肪沉积在肌肉之间。假如你经常吃高脂肪食物，脂肪就会沉积在大脑细胞之间。如果大脑中形成这样的脂肪，葡萄糖就进入不到脑细胞里，而只有当糖类进入脑细胞以后，细胞代谢才能产生能量。

现在老年痴呆症的发病率相当高，并且还未找到有效治疗办法。记忆到底储存在大脑的什么位置？大脑就像一个盒子，盒子里的某一个特殊部位就是专门储存记忆的。它是以什么形式储存的，是储存在线粒体里还是某一个氨基酸上，或者是在蛋白质上，至今都没有研究清楚。目前发现老年痴呆症可能与塑料制品有关，因为从老年痴呆症患者的脑细胞里面已经分离出塑料成分。研究也表明，老年痴呆症与叶酸缺乏等因素有关。

你每天吃一碗红烧肉或一小锅东坡肉，连着吃两三年，必然会得冠心病。为什么呢？因为饱和脂肪酸含量太高了，饱和脂肪酸能够增加血浆和血清里面的总胆固醇和甘油三酯。在人体肌肉细胞膜上，当低密度脂蛋白受体和低密度胆固醇结合时，就把低密度脂蛋白运送到细胞里，并在细胞里面代谢。胆固醇、营养素血糖都不能在血液里代谢，必须要在细胞中代谢，所以饱和脂肪酸一定要少吃。

反式脂肪酸被称为“餐桌上的定时炸弹”，主要来源是部分氢化处理的植物油。部分氢化油具有耐高温、不易变质、存放久等优点，在蛋糕、饼干、速冻比萨饼、薯条、爆米花等食品中使用比较普遍。需要注意的是，过多摄入反式脂肪酸可使血液胆固醇增高，从而增加心血管系统疾病发生的风险。目前，除了车祸、矿难造成突然死亡之外，突然死亡率最高的是心血管系统疾病。所以要注意膳食结构，假如亚麻酸少了，而亚油酸又太高了，就会引起血小板释放血栓素，形成血栓，造成血压升高。世界卫生组织专家经研究发现，缺少亚麻酸是导致高血压、高血脂、心脏病、糖尿病、癌症的重要诱因之一。亚麻酸对人体健康非常重要，世界卫生组织专家建议，每天补充1～3克亚麻酸。

几乎人人都爱吃糖，甜食会给人以好心情。然而，当血液里的糖含量过高，健康就会受损。高血糖可以使人双目失明，肾脏损坏，严重的糖尿病患者甚至要面临截肢的威胁。

肥胖和超重与糖尿病、脂肪肝、癌症、关节炎、心脏病、抑郁症等疾病直接相关。所以可以计算一下自己每天所需的能量，如果这一顿吃多了，那么下一顿就少吃一点；这一顿吃了这种食物，下一顿就要换成另一种食物。世界卫生组织公布了体重指数的计算方法：体重指数（BMI）等于体重（千克）除以身高（米）的平方，BMI值在25到29.9之间为超重，大于30的为肥胖。按照国内的标准，BMI值在24到28之间为超重，28以上为肥胖。中国人的肌肉少，如果和白种人身高一样，他们的内脏脂肪比我们少得多，这可能与我们的基因有关系。

如何通过饮食来控制体重。首先要增加纤维素和果糖果胶类的摄入，可以每天吃一些碳水化合物，比如芋头，它是果胶多糖类；藕粉的多糖含量也很高，这些对控制体重都很有效果。减少饱和脂肪酸的摄入，增加亚麻酸的摄入，对预防各种疾病有好处。

甘油二酯是公认的安全的食品成分。膳食甘油二酯具有减少内脏脂肪、抑制体重增加、降低血脂的作用，因而受到广泛的关注。现在甘油二酯在全世界都有销售，在中国市场也可以买到，临床实验证明，甘油二酯可以减少腹部的脂肪。

要成功控制体重，需正确掌握几个原则。要学会如何吃饱、吃好，不挨饿。假如饿着肚子去减肥，那太难受了，而且每天饿着肚子也减不了肥。正确的减肥方法是坚持一日三餐，关键是吃得科学。肥胖患者千万不能乱用药物，要适量加强体育锻炼。值得注意的是，在运动完后一个半小时以内千万不要急着进食。

地中海地区的人饮食习惯很好，他们经常吃蔬菜、水果、谷物类，再配合体育锻炼，就能拥有健康的身体。

食物应多样化，主食以谷类为主。每餐至少应摄入100～200克主食，这是由人体对各种营养的需求量及其相互间的平衡所决定的，从中不仅可获得主要的能量物质——碳水化合物，还可得到大量的蛋白质、B族维生素以及膳食纤维，而膳食纤维有预防肠癌、降低胆固醇的作用。

适量的动物性食品。动物性食品不足会引起蛋白质、维生素A、维生素B_{12}以及叶酸等的缺乏，摄入过量又可导致某些慢性病。尤其是猪肉，应适当控制，提倡多食用一些鱼类。每日的适宜摄入量是50～100克肉类、50～150克鱼虾类。

脱脂牛奶或豆浆。每天一杯脱脂牛奶或豆浆，其主要目的是为了补钙，脱脂牛奶或豆浆均为补钙的首选食品。

多食用蔬菜和水果。水果富含纤维素和果胶、蔬菜也含丰富的纤维素，每人每天应摄入一定量的膳食纤维。纤维素和果胶等膳食纤维不能被肠道消化和吸收，不产生热量，但可促进胃肠蠕动，排出有害物质，防止便秘，对预防高血压、糖尿病、肥胖症、结肠癌等有益。

饮食宜清淡、少盐，多饮水。食物只有在水中才能被吸收、利用，吸收的养分要通过血液到达全身。体内的代谢物要通过水才能排出。正常体温的维持也需要水。水是体内含量最高的一种组成成分，如年轻女性的体液占人体重量的65%，可见水是生命之源。

营养膳食歌

赤橙黄绿青蓝紫，
油盐精糖要节制，
鱼豆奶蛋配五谷，
精肉坚果加菌菇，
管好你的嘴，
多用你的腿。

烟草、环境与呼吸系统疾病

主讲人介绍

沈华浩，浙江大学医学院教授、博士生导师。

人人都想拥有健康，那么“健康”到底属于谁？健康不仅属于个人，还属于全人类。

人的健康除了与遗传基因有关外，也与生存环境有关，现在人们普遍受到空气污染、交通事故、食品安全等问题的影响。

一 吸烟的危害和戒烟

烟草的历史可以追溯到三千多年以前。起初人们把切好的烟丝装入烟斗吸烟，后来为了携带方便、姿势美观、心情愉悦等原因就产生了卷烟。但无论是用哪种方式吸烟，都是有害身体健康的。

目前，全球共有11亿吸烟者，每年近500万人因吸烟致死，而我国每年约有100万人死于吸烟。我国是世界最大的烟草生产国和消费国，烟草生产量占世界总量的1/3，有3.5亿吸烟者消耗着全世界1/3的烟草。我作为一名呼吸科医生，关注吸烟危害健康的问题已有几十年，曾与多位专家一同参与《中国临床戒烟指南》的研究与制定，如果要达到控烟目标，还需加大对公众的宣传和推广力度，让大家一起来参与控烟。

1. 吸烟和肺癌

流行病学分析指出，吸烟指数越高，肺癌死亡的危险性越高；开始吸烟年龄越小，肺癌的危险性就越大；烟龄20年以上以及20支/日以上的吸烟者，比不吸烟者的肺癌患病率高20倍。

调查研究表明，几乎所有肺癌患者的发病都与吸烟有关。在我国，80%～90%的男性肺癌患者与吸烟有关。

我遇到过一名67岁突然咯血的患者，他有3个儿子。检查后，确诊他患的是肺癌。我问他抽烟吗？他说一天抽4包，烟龄有几十年了。他的3个儿子分别一天抽2包、3包、4包，一个比一个厉害。我告诉患者，你这个病是抽烟引起的，我给你治病，你协助我劝10个人不要抽烟。他说：“好的。”我说：“你别吹，先让你的3个儿子戒烟。”他当场就把身上的香烟都拿出来了。就冲他这个决心，这家4个男人戒烟是有希望了，但是面对戒烟这个问题，很多人往往是第一天做到不抽烟，可是第二天又抽上了。

我做过烟草的研究，知道它的危害很大，对健康没有任何好处。烟草的危害首当其冲就是引发呼吸道疾病。人的肺左边有2个肺叶，右边有3个肺叶，原本干干净净，但吸烟以后肺就会变黑。吸烟引起的疾病有很多，最直接的就是与患肺癌有关。一些商家打出广告，说可以用洗肺来减轻吸烟所带来的伤害，这纯属无稽之谈。

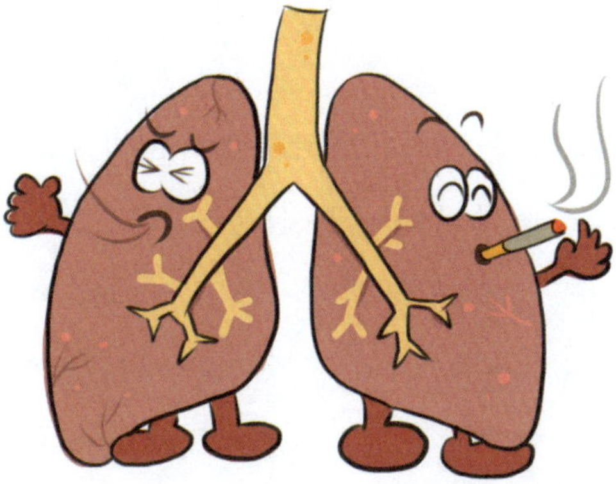

慢性阻塞性肺疾病（慢阻肺）以及80%的鳞癌均与抽烟有关，但肺腺癌也较容易发生于女性或不吸烟者。为什么不吸烟的人群中也有不少肺癌患者呢？那是由另一种污染引起的腺癌，不吸烟的患者更容易患腺癌，而绝大部分鳞癌患者都抽烟，这是临床上的一个显著特征。

当然，并不是说不吸烟的人就不会患上肺癌，引发肿瘤疾病的因素有很多，首先是遗传，有些家族会接二连三地出现肺癌患者，这是家族遗传病，由遗传基因造成的。其次，环境因素会诱发肿瘤发病，每个人体内都有肿瘤基因和肿瘤细胞，但它不是病，正常的免疫功能可以阻止肿瘤细胞发生突变。

2. 吸烟和慢阻肺

不抽烟的人患慢阻肺的概率约为8%，抽烟的人则超过15%。正常的健康人群到75岁时，肺功能还能保持在80%的水平；但抽烟人群在50岁时，肺功能仅为正常人的50%，并且容易患慢阻肺。90%的慢阻肺患者与吸烟有关，也就是说，在100个慢阻肺患者中有90个是吸烟者。另外，哮喘、肺泡炎等疾病都与吸烟有关。为了你的身体健康，最好是不要吸烟，同时也要避免被动吸烟。

暴露于环境烟雾而非自愿吸入烟雾称为被动吸烟，孕妇被动吸入烟雾对胎儿也会造成危害。对二手烟的危害，我们要引起高度重视，它的危害要比一手烟更严重。假如母亲吸烟，她生下的孩子可能患有哮喘、睡眠呼吸暂停综合征、肺癌等疾病。

美国6个城市10000多名白人儿童流行病学的调查显示，母亲吸烟与其孩子患8种呼吸系统疾病的比例，比母亲不吸烟的孩子高20%～35%，且与母亲每天吸烟的支数呈线性正相关。对密西根0～19岁的3482名儿童和青少年调查显示，双亲都吸烟孩子的呼吸病症率是双亲从不吸烟孩子的115～210倍。

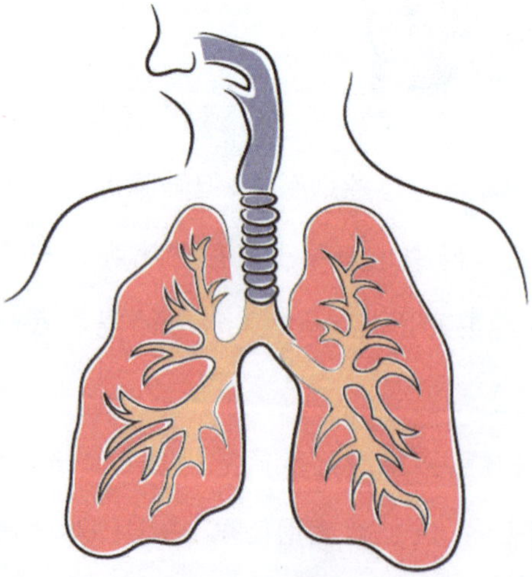

根据被动吸烟和成人哮喘关系的前瞻性研究显示，60%～83%的成人哮喘患者是被动吸烟者，近期被动吸烟(7天内)的程度越高，哮喘症状越严重；3个月内被动吸烟的程度和哮喘住院的危险性相关。被动吸烟受到的危害是主动吸烟的2倍，所以当周围有人抽烟，你就不要靠近。

3. 戒烟

戒烟只有好处，没有坏处。虽然很多人不承认烟草相当于毒品，但我还是劝诫大家要远离烟草。远离烟草是预防很多呼吸系统疾病的有效方法，戒烟可提高肺功能，改善呼吸道症状。根据研究表明，肺癌患者戒烟能减少手术并发症，降低死亡率。

二 室外空气污染问题

1. 颗粒大小和呼吸道的关系

PM就是颗粒物质，微米是计量单位，小的只有头发丝的1/60。PM2.5是悬浮在空气中直径小于等于2.5微米的颗粒物的总称，大小只有头发丝直径的1/30。当颗粒的直径小于10微米时，就会随气流进入气道。凡肉眼可以看见的东西都不可怕，它会被嘴巴和鼻子阻挡在外，进不了气道。可怕的是那些看不见的直径小于10微米的颗粒物，一旦吸入了这些颗粒物，会给人体造成很多的麻烦。

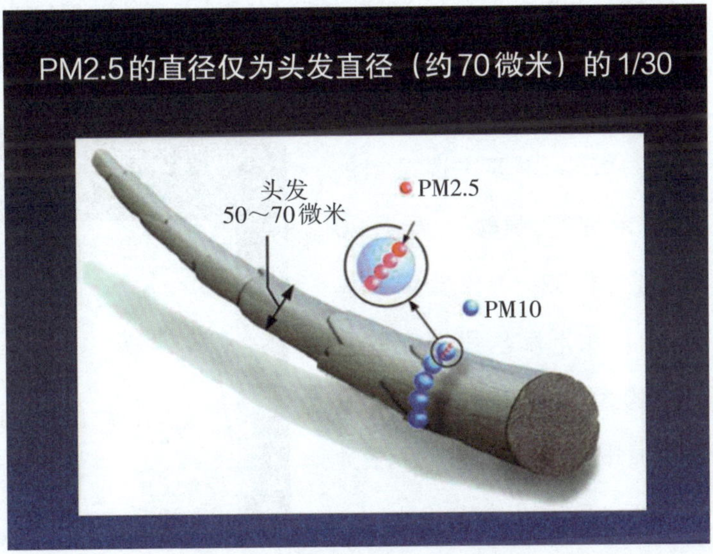

PM2.5的来源可分为自然来源和人为来源。自然来源包括风扬尘土、火山灰、森林火灾等;人为来源包括一次颗粒物和二次颗粒物。一次颗粒物由燃煤烟尘、工业粉尘、机动车排气、建筑及道路扬尘等污染源直接排放;二次颗粒物由排放到大气中的硫氧化物、氮氧化物等通过复杂的化学反应而产生,是大气中PM2.5的主要来源。

空气中存在大量的类似于这种颗粒大小的物质,都会被吸进呼吸道里。当颗粒还在气管时,是能够被咳出去的,因此正常的咳嗽是气管自我保护功能的反应,把不应该进入的颗粒通过咳嗽清扫出去。但是当被吸入的颗粒小到气管感应不到时,长期沉积下来,就会对人体造成伤害。

2. PM2.5的成分和危害

PM2.5的主要成分是炭黑、重金属、硫酸盐与硝酸盐、铵盐、有机物。此外,沙尘暴污染也是原因之一,因其含有大量有害物质,很难自然沉降到地面上。

空气中的烟雾量、二氧化硫含量与死亡率明确相关。雾霾对人类的健康危害很大,以前不为人所知,现在已引起人们的高度重视。

历史上曾经有几次雾霾引发的大事件。1930年,比利时马斯河谷发生了烟雾事件,主要来源是锌冶炼厂、硫酸厂、玻璃制造厂,导致60人死亡;1948年,美国宾夕法尼亚州多诺拉镇河谷发生毒物事件,主要来源是钢铁厂、锌冶炼厂、制酸厂,导致20人死亡;1952年,伦敦烟雾事件,工厂生产和居民燃煤取暖排出的大量废气难以扩散,积聚在城市上空,当年12月,在1周内死亡人数超过4500人。

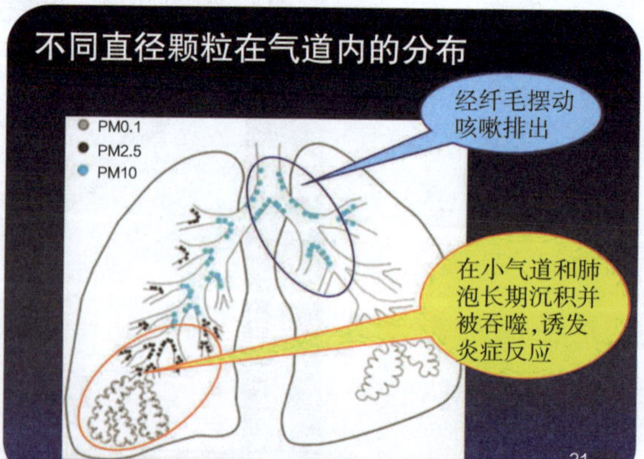

PM2.5浓度增高导致死亡风险明显增加，世界卫生组织于2005年公布的《空气质量准则》中显示，当PM2.5年均浓度达到35微克/立方米时的死亡风险，比PM2.5年均浓度达到10微克/立方米的死亡风险约增加15%。PM2.5明显增加老年患者的住院率，呼吸系统疾病上升4.22%、心血管系统疾病上升3.12%、脑卒中上升3.49%、糖尿病上升6.33%。

研究结果表明，空气中PM2.5浓度增加10毫克/立方米，总死亡率就增加4%，肺癌死亡率增加8%。现在，一到雾霾天，呼吸系统疾病患者人数就急剧增多。需要提醒的是，PM2.5对所有的疾病都有影响。

空气污染还会影响肺功能发育，对1700名10岁儿童进行4年和8年的随访发现：4年后，污染区儿童较非污染区儿童的肺功能降低10%；8年后，污染区儿童较非污染区儿童的肺功能降低20%。空气污染越严重，肺功能损害越明显。

三 室内空气污染问题

现在家庭居住的面积越来越大，室内装修越来越豪华，虽然所用建材越来越考究，但很多的装修材料并不能够保证它对健康都是无害的。只要涂上油漆就会对人体造成危害，还有养狗、养猫、室内种花草也会对人体造成一定的危害，比如过敏源，是不可忽视的室内污染。

当然，室内污染对健康的影响不一定会比雾霾天气严重，还没有科学依据，不能下结论。目前，室内污染的危害还未能引起人们的高度重视。

根据研究表明，室内空气污染对哮喘患者的影响，重度哮喘住院儿童的呼气流量峰值（PEF）与室内PM2.5浓度呈明显负相关，PM2.5浓度升高10微克/立方米，晨、夜间PEF降低2.96升/分和4.42升/分。

四 拒绝污染和保护环境

空气污染的危害影响是非常大的。举几个控制空气污染可降低呼吸系统疾病的例子：1996年亚特兰大奥运会期间，空气污染控制后，儿童哮喘发病率明显下降；爱尔兰禁止燃煤计划后，肺部疾病的死亡率下降了10.5%；我国香港禁止使用高硫燃油后，肺部疾病的死亡率下降了2.5%。

我们如何缓解环境污染造成的影响呢？首先，政府实施干预措施，减少废气、废水等污染物排放，发展公共交通，倡议绿色出行。其次，加强空气质量、PM2.5的监测等。第三，可在室内使用负离子空气净化器、PM2.5净化剂以及戴PM2.5防护口罩等，做好个人防护，增强呼吸道健康。

最后，倡议拒绝烟草、保护环境和健康呼吸，希望大家共同宣传。

生物多样性对人类健康的重要性

主讲人介绍

Mark L Wahlqivst（马克·华伟士），浙江大学光彪讲座教授、浙江大学馥莉食品研究院院长。

建设健康城市是20世纪80年代面对城市化问题给人类健康带来挑战而倡导的一项全球性行动战略。

如今，生态系统的健康正在发生着很大的变化。是什么因素引起生态系统中生物多样性的变化呢？它们为什么会变化？我们应该怎样去应对这些变化？如果从生态系统的健康去分析，能够从中得到一些启示，从而使得我们的生态系统更健康。

一 人类是生态系统的一部分

我们认为，人类始终是环境当中的一部分，并且和其他生物一样，对环境具有高度的依赖性。很多自然灾害，比如台风、地震、海啸，可能与生态破坏有些关系。然而，有意思的是，我们慢慢发现，灾害之后一些曾经消失的动物又回来了，这说明我们的生态环境恢复了。地球上的动物，在变迁当中发生了变化，而你不知道它们是从哪里来的，也不知道地球发生了什么。

1. 人性化的生态系统

人性化的生态系统，即人类与环境是相互依赖的，我们在获得生态系统服务的同时，我们的生活也会受到环境的限制。但此概念也为我们如何生活提供了另一个综合性的理念：按照人性化的生态系统得出的结论竟然是“不存在人类的世界”。看到这个结论，是不是有些惊呆了呢？

谈起“不存在人类的世界”，不得不提美国亚利桑那大学学者艾伦·韦斯曼所著的《没有我们的世界》一书。书中的观点同人性化的生态系统所得出的结论如出一辙。这本书像物理学中的思想实验一样，运用想象，描述了城市和建筑如何在人类消失以后逐渐变化并最终土崩瓦解，人类制造的物品还能在地球上存在多久，余下的生命又会怎样演化。艾伦·韦斯曼在书中得出结论：在五百年之内，我们的住宅及其附近将会恢复成森林；而放射反应堆的废料、青铜雕像、塑料制品和雕刻有四位美国总统头像的拉什莫尔山，将成为我们留给地球上人类存在的最长久的证据。

强调一下，人类是生态动物！我们与其他形式的生命和非生命物质息息相关，人类要和环境和谐相处、生死与共，我们无法超越环境而存在，因为我们是彼此互相依存的。

说起人类要和环境和谐相处，可以举例说明。维生素D是维持人体健康必不可少的营养素，它在维持骨骼健康、肌肉强度、免疫功能、预防癌症以及保证中枢神经系统的稳定性方面非常重要。现在很多保健产品有补充各种维生素的功能，而你只需要多晒晒太阳，人体自身就可以产生维生素D了。可以说人类需要阳光，没有阳光身体就会不健康。然而，地球上的某一些地区，因为臭氧层破坏导致很多紫外线穿透到地球表面，很多人因为晒了过多的阳光患了皮肤癌。所以有人提出了一个试行项目，其核心主要是远离太阳。但是，晒日光少了之后他们又会因为缺乏维生素D而变得不健康了。由此可以看出，我们要与自然和谐相处，晒太阳过多或者过少都会出现健康问题。所谓和谐相处，一方面要保护环境，不使生态系统遭受破坏；另一方面要照看好自己的身体，选择健康的生活方式，经常运动，亲近自然。

另外一个问题，就是生态系统中物种多样性存在的合理性。比如人类光照过多会导致皮肤癌，而绿茶能保护皮肤，预防紫外线的侵害。人类所在的环境既复杂又简单，我们要保护环境，维护其物种多样性，只有保持环境多样性，我们才能够摄取丰富的食物和营养。

2. 生命的生态学形式

人类是依赖生态环境的动物，是一个更加稠密和老化的物种，地球上只有不到10%的生物是真核生物，剩下的全部为原核生物（没有细胞核）。自然界中物种和物种之间，个体和个体之间是需要传播信号的，只是方式不一样。人类世代相传靠的是DNA来传导信息。在此提出一个非常新颖的观点，那就是人类的健康状况也会代代相传，即我们身体的健康状况也具有遗传性。我们对待自己身体环境的方式既影响自身，也会影响下一代。这个就是现在讲的遗传基因学，你的健康不光是自己的，还要对下一代负责，子孙后代都会受你的影响。

人类与环境的相互作用是一个有争议的概念。生物有各种各样的气味，这些气味对人类的健康也很重要。大脑对各种气味都是有记忆的，记忆的实质就是化学物质，不同的化学物质构成了记忆系统。人的鼻子非常敏锐，很细微的气味都可以分辨出来。除此之外，花香能够促进记忆，能够让我们大脑的记忆系统运行得更好，香味能帮助我们记住很多东西。你喜欢吃的食物，你有偏好，都是你的记忆，储存在大脑中的记忆能反映出你喜欢吃什么，不喜欢吃什么。去公园散步，就是寻找生物的多样性。你出去走路了，感受到大自然的芬芳，看到了自己喜欢的东西，这就是健康的生活。

生命是生态的。这种说法似乎不容易让人接受。研究结果表明，某种程度上，人类并不是一种特殊的物种，至多是一种生态形式的生命，在这种情况下，人们必须意识到，失去生态系统也就意味着失去了我们自身，因为人类就是生态系统的一部分。

二 生态系统消亡的速率

生态系统消亡的速率与很多因素有关，其中与生态系统中物种的灭绝速率存在密切的关系。物种的灭绝速率通常以每千年每千个物种中消亡的物种数来表示。过去的物种灭绝速率稳定在一个较低的水平上（大约是每千年里每千个物种中灭绝0.1～1个物种），而现在的物种灭绝速率至少比化石记录时代的灭绝速率高出1000倍。根据科学家的预期，未来的物种灭绝速率将会是现在灭绝速率的10倍。当然，不同物种之间的灭绝速率也存在着比较大的差异。

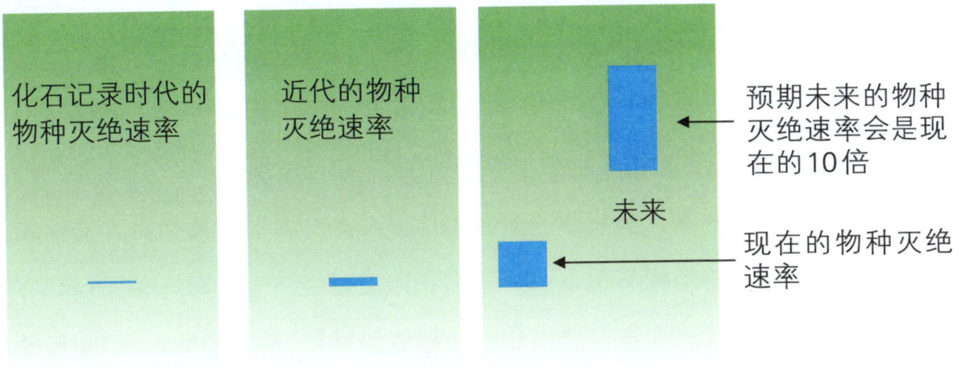

物种灭绝速率图

“遥远的过去”指通过化石记录估算的消亡速率；“近代”指过去的有所记录的几个世纪；“未来”的消亡速率主要是通过不同的技术模型计算得到的（包括地区物种模型，物种变成濒危物种或其他的速率），发生在将来的几个世纪。

上图中展现的是过去、近代、未来不同物种的灭绝速率，可以明显地看出物种的灭绝速率是呈现上升趋势的。

下面我们再来看看人口与农业的变化。

世界经济得到发展的同时，也遇到了一系列令人关注的全球性问题，如人口增长过快、资源短缺、环境恶化等。为解决人口增多所带来的食物不足问题，人们一方面采取扩大耕地面积的措施，如毁林开荒、毁草开荒等，将大片草原和森林开垦为耕地，但由于破坏了生态平衡，反而引起了土地沙化、水土流失、气候异常等严重的生态失调问题。另一方面，农业越来越发达，集约化的生产方式导致农田生物的多样性也大大降低。

人口越来越多，农业越来越发达，就破坏了自然的平衡性。

事实上，自然有两种特性，一种是物种的多样性，一种是自我修复。生物系统的完整性对于人类维持完整的生计极为重要，因为完整的生态系统可以提供给人们食物、水、住所、燃料、火、能量、衣物、通信、家庭与社区等，我们必须接受正式和非正式的教育、保健、工作与休养、个人保障以及社会角色和责任、尊严等。

很长时间内，尤其是过去几十年，中国过多地强调了国内生产总值（GDP）增长，但现在需要大家把目光更多地集中在保护生态、和谐发展上。

另外，在此介绍一下人类发展指数（HDI）。人类发展指数又称为人文发展指数，由巴基斯坦籍经济学家赫布卜·乌·哈格和印度籍经济学家阿马蒂亚·库马尔·森于1990年共同创造。人类发展指数的指标值包括用“平均预期寿命”来反映健康长寿、用受教育的平均时间和期望时间来反映“教育指数”以及用国民人均总收入来反映“体面的生活水平”，共三个分指标的几何平均数。1990年5月，联合国开发计划署首次公布了HDI，将经济指标与社会指标相结合，揭示了经济增长与社会发展的不平衡。之后每年，联合国开发计划署都会在发布的《人类发展报告》中使用HDI衡量各个国家或地区经济社会发展水平，HDI值越接近1，说明该国家或地区经济社会发展水平越高。

三 生态系统和食品保障

食品保障需要在以下几个方面得到关注：①可耕地（正在被所谓的“开发”不断地侵占和损坏）。②土壤健康（正在遭受化肥过多和其他有害金属的污染）。③脆弱的农作物（全球变暖导致的呼吸消耗，授粉过程因昆虫群落改变而受害）。④单一化栽培。⑤水（数量和质量）。⑥动物健康。⑦食品加工（结构、多样性损失）。⑧食品包装。

植物健康问题主要会表现在以下几个方面：①人类所依赖的生物多样性降低。随着农业，尤其是集约化的现代农业的出现，农业系统栽培地里的植物物种多样性减少，只栽培极少的可食用作物。②食物健康依赖于环境健康，依赖

于土壤健康。生态系统的循环依赖于土壤的养料。然而，有的地方土壤贫瘠，已经不适合种植稻谷和大麦，人类赖以生存的农业也就不复存在了。土壤的肥沃程度是我们在未来的几十年里需要关注的一个问题。③环境的改变。如小麦容易患上小麦锈病，而小麦锈病受温度影响很大，现在的温室效应越来越严重，可以预测到，若是温度持续上升，小麦锈病也会越来越严重，小麦的结实率就会逐渐下降。

动物健康问题主要表现在抗生素使用等方面，如在对猪（也包括反刍动物、家禽、鱼等）群养时发现，给猪使用抗生素能够刺激其生长，使猪生长速率加快、体重增加，这是因为抗生素能消灭掉猪身体里面的细菌，使得没有细菌能够吸收猪身体里的营养，猪的体重就会增长得快。然而这对猪或者是人类来说并不是件好事情。抗生素的使用会使猪（反刍动物、家禽、鱼）依赖于药物，导致各种抗性基因（包括万古霉素在内的多种耐抗生素基因）的广泛存在，以及营养不良、免疫力降低，容易交叉感染，对猪（反刍动物、家禽、鱼）的健康不好，同时受抗生素刺激过的猪肉产品与零食也不利于人类食用的安全。

这些食品的健康问题可能会导致生态系统健康紊乱。长期下去，将导致各种疾病，如肥胖症、糖尿病、癌症、骨质疏松、关节炎、认知障碍等。

值得注意的是，生态系统健康往往跟环境多样性联系在一起。食物多样性非常重要，主要表现在可持续性、食物质量、提供选择等方面。

人类是以摄取植物性食物为主的杂食动物，需要充足的微量元素，用来对有毒物质和污染物（如三聚氰胺、内分泌干扰物）进行稀释。食物多样性有利于能量调节，有利于预测健康状况。从中老年人的生存率及膳食多样化表现可以看出，食物多样性丰富则生存率高。另外，膳食多样性评分与特异性疾病死亡率的关系表明，膳食多样性丰富，则特异性疾病死亡率低。

四 生态营养和生态健康的必要性

1996年，瑞典隆德的胃肠科医生Stig Bengmark就肠道微生物提出了“生态营养”这一词，如今，人类已经越来越重视微生物层面的生态意义。

不注重饮食，就有可能产生疾病。

下图所示高脂肪食物富含磷脂酰胆碱（PC）及其代谢产物胆碱（C）。在肠道中胆碱转化为三甲胺（TMA）。在肝脏中含黄素单氧化酶3（FMO3）催化三甲胺转化为氧化三甲胺(TMAO),这是一种将进入血液的代谢产物。科学实验证明,流通的氧化三甲胺可导致动脉血小板增加和心脏病。

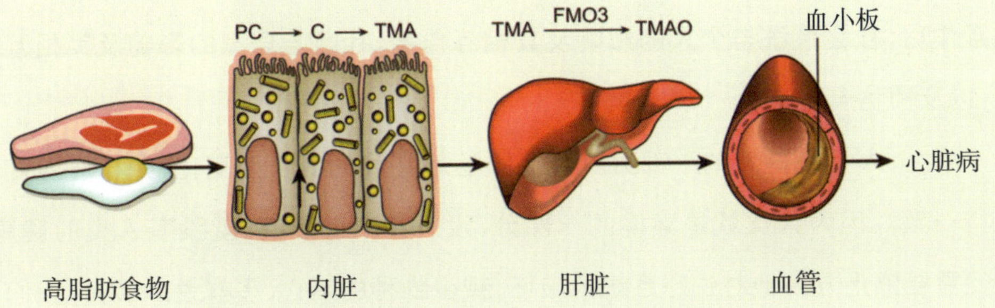

不当饮食导致疾病的作用机理图解

还要注意微生物群所引起的疾病,比如肥胖症、糖尿病、肠炎、帕金森症、慢性肾病和尿毒症。

健康状况也具有遗传学效应,也就是说,下一代的健康与我们自身的健康息息相关。现在很多研究结果表明,出生体重以及健康状况都具有表观遗传学特征。我们可以多与长辈或是晚辈分享健康的饮食习惯,让自己身体的环境与自然更和谐、更融洽。有案例表明,在没有遗传性的人之间,比如夫妻之间也会出现相同的健康表征。这是因为夫妻、子女长期生活在一起,饮食上长期具有相似性,体内的微生物也会在长期的磨合下趋于雷同,健康状况也因此具有相似性。

还要注意的是物种间基因转移,越来越多的研究数据表明,基因物质可进行跨物种转移,转移并不仅限于微生物间。

五 生态系统的测量、监控和保护

根据生态系统的测量和监控数据,我们有必要采取相应的行动。比如地方和社区对环境保护(我们自己的生态系统)的行动计划,在预防和管理生态系统秩序中综合利用能源、水、食物和卫生等方法。

决定和影响生态系统健康的因素包括物理硬件与生物多样性、城乡影响及其相互作用,社会系统与个人的影响及其相互作用,社区与居家的影响及其相互作用,以及预防疾病等。

总之,人类是自然的一部分。我们跟随着环境的变化而变化,并与环境变化保持一致。因为人类就是环境的一部分,没有健康的环境,就没有人类的健康。这就需要停止人为地对生态系统的破坏,减少物种的消亡、多样性的损失,我们要保护生态系统,保护我们赖以生存的能源、粮食,还应提倡健康的生活方式,这是我们需要做出的积极行动。

真菌资源的研发与人类可持续发展

主讲人介绍

魏江春，博士，中国科学院院士，中国科学院微生物研究所研究员。

人类的平均寿命有两个里程碑。第一个里程碑是1796年全球推行天花疫苗接种（牛痘接种），将人类的平均寿命从18岁提高到40岁。第二个里程碑是在20世纪中叶，从真菌中发现了青霉素，使人类的平均寿命由40岁提高到60岁。目前，我国居民的人均期望寿命是74.8岁。未来，随着人类对真菌资源的不断研究、开发与应用，在人类保持“未病”即健康的状态下，或许有望使我国的人均期望寿命从74.8岁提高到94岁或更高，再实现一个里程碑式的跨越。

真菌资源的研发将为人类健康和环境的改善作出贡献，从而在人类可持续发展中发挥护航作用。

一 生命知识体系和生物多样性

生物多样性与人类生存和发展息息相关。整个生命的知识体系可分成四个版本。

第一个是生命的原版，即自然界经过30多亿年进化形成的生物多样性。

第二个是生命的再版，就是传统的杂交育种工作。比如袁隆平的杂交水稻就是传统的杂交技术的产物。这种再版杂交，人只是起一个外界的介绍作用，没有从本质上干预它。

生命的第三版就是我们现在很质疑的转基因产品。科学家认为，转基因产品和传统杂交原理是一样的，比如基因重组的过程，是把各自好的基因重组以后，产生我们所需要的优良品种，其共同点都是转入了外源性基因，转基因则不受限制，可转入亲缘关系很远的物种基因。这样会产生什么后果呢？人们对转基因产品都有质疑。事实上，转基因水稻是可以防治害虫的。细菌里头有一种基因，学术上叫BT毒蛋白基因，虫子吃了它之后就会死亡。将BT毒蛋白基因克隆出来，然后安到棉花上去，研制出的抗棉铃虫的转基因棉花在美国和中国都已经大规模种植了。因为人不吃棉花，所以大家没有什么强烈的反应。把这个BT毒蛋白基因转到水稻上以后，就成了转基因水稻，据说毒蛋白对人类没有害处。我不反对转基因品种，但在转基因产品投放之前，一定要用科学实验来证明其毒性对人类健康是没有害处的。当然，转基因技术是一项革命性的技术，确实非常好，但由于还有一系列的问题没有得到解决，所以大家才会质疑转基因产品是否会威胁人类健康。

生命的第四版就是合成生物学，也就是人为地去合成生物。物种是指互交繁殖的相同生物形成的自然群体，与其他相似群体在生殖上相互隔离，并在自然界占据一定的生态位。一个生命的物种是由一个到若干个菌群所组成，而菌群就是很多生物个体在基因型和表型上基本相似又有差异的群体。物种是生物分类学最基本的单位。

基因如果离开了生物的个体，它就存在不了，比如病毒，它没有细胞，它是一个基因，离开了细胞就无法存活。一个物种就等于一个基因库，不同的物种其基因库是不一样的。

传统上对生物多样性的解释有三个层次：一是生态系统多样性，二是物种多样性，三是基因多样性。生物多样性的概念是生态系统中含有多种多样基因的物种多样性。自然界有大量的微生物，现在已知微生物的种类只占自然存在的1%，另外99%我们还不认识，在这99%里面有相当一部分还不能人工培养。科学家试图用聚合酶链式反应的方法，把某一个基因从自然界中的水体、土壤里提取出来，再将搜集到的基因与基因库里的基因一一对照，如果基因库里还没有的，就发现了一种新基因，但是这个基因必须从物种、从生物个体里提取出来。总而言之，基因离不开物种。

二 什么叫真菌

菌物包括真菌、黏菌、假菌（卵菌），它们在形态、营养方式与生态上有许多相似之处，从而构成了一个关系十分密切的生物类群。软菌、双真菌、陆菌病，同属于假菌的一个范畴，是以管毛生物为界的。黏菌属于原生动物界，有的学者称之为黏菌虫。真菌属于真菌界，真菌、黏菌、假菌是不同界的，关系相当远。现在很多人把细菌叫作菌物，这是错误的。真菌、黏菌、假菌都是真核生物，它们三个总称菌物。所以真菌这个名字不能废除，更不能用菌物来代替。

自然界非常复杂，我们将它分为六界：第一是原生动物界；第二是动物界；第三是真菌界；第四是细菌界，而细菌界下面又分真细菌亚界和古细菌亚界；第五就是管毛生物界或者叫藻菌界；第六是植物界。所以真菌、假菌、软菌都不是植物，但是真菌和动物的亲缘关系是最近的。

在某种意义上，只要是微小的生物都叫微生物，那么真菌也属于这一个界里。我们所讲的真菌，就是生命原版。真菌和植物在一起的时候叫作菌根；真菌和动物在一起，比如真菌和虫子共生的，就形成了冬虫夏草；真菌和藻类共生的那一类真菌，即地衣型真菌。

真菌的多样性。据科学家保守估计，自然界至少有250万种真菌存在，人类已经掌握认识的真菌约10万种，仅占了3.9%，所以真菌资源的丰富度可想而知了。

三 真菌与人类健康

青霉素是20世纪医学上的重大发现之一，它的出现开创了用抗生素治疗疾病的新纪元。青霉素是从真菌里提取出来的，并成为人类治疗细菌性感染的第一项武器。

自从20世纪50年代末发现真菌多糖具有抗肿瘤活性以后，人们对各种多糖成分展开了广泛的研究。多糖可以诱导和促进分泌肿瘤坏死因子，该因子增多以后，就可以使癌细胞很快坏死。

科学家以灵芝多糖为代表，对灵芝多糖免疫调节与抗肿瘤的相关关系进行了研究。结果发现，灵芝多糖的抗肿瘤作用主要是通过增加肿瘤患者的免疫细胞数量，从而抑制肿瘤的生长，达到抗肿瘤的目的，为多糖的免疫抗肿瘤假说提供了新证据。

白桦茸菌闻起来很臭，但它具有抗氧化、抗肿瘤、抗病毒以及提高机体抵御病原微生物感染的作用，尤其在抗胃癌方面效果特别好。

我们也把冬虫夏草称为“冬虫夏草虫囊”，这个虫囊里可能还有一些虫子的肠子，所以有一定的药效。冬虫夏草在真菌里面允许有两个名称，另一个名称是“中国被毛孢”，工业生产都用“中国被毛孢”这个名称。过去把虫草划分在动物界麦角科下，现在把它分成三个不同的科，冬虫夏草被分到另外一个科，所以它的科学学名已经变了，它已经成为一个小家族了。

樟芝，又称为牛樟芝或牛樟菇，只生长在中国台湾特有的百年以上的牛樟树树干腐朽之心材内壁，或枯死倒伏之牛樟树木材潮湿表面，因其采集不易，经济价值很高。民间流传樟芝在治疗肝癌和子宫颈癌上特别有效，一般可用以治疗急性腹痛、抗过敏，而且在解酒的效力上更是一流。

四 真菌研究的四大存取系统

让我们来了解一下真菌研究的存取系统，以福建假芝为例。第一个存取系统是标本馆中保护收藏的福建假芝原型，这是标本馆标本的一个存取系统，先存进去，到用的时候再取出来。第二个存取系统是菌种库中保护收藏的福建假芝菌落。第三个存取系统是从培养物提取的代谢产物，也作为研发时的一个很重要的资源。第四个就是物种信息存取系统，也就是一些综合的信息。我们从自然界得到的一些真菌原型，首先要把它保护收藏起来，有了这些菌种就等于有了它的基因，当我们需要研究某一菌种的基因时，就可以从活体中提取出基因来。保存菌藻物种资源与基因资源既可以为生命科学的研究提供材料，也可以为资源开发提供菌种资源，这就是我们四大存取系统和研发的筛选平台。

隋唐时期的药王孙思邈说“上医医未病之病，中医医欲病之病，下医医已病之病”，真正看病的是下等医生，上等医生就是要讲究保健。说到底就是不要患病，健康是最好的。孙思邈所说的“未病”实际上就是健康，他的“欲病”就是亚健康，“已病”就是患病了。所以，不管是食用还是药用的真菌，它在解决人类“未病”问题上作用是很大的。

五 真菌与人类的环境

有人说沙尘暴是自然现象，没法治理。我认为，风暴这一自然现象目前确实无法治理，但风暴里头的沙尘是可以治理的。如果地面的植被覆盖得很好，风暴就不会掀起扬尘，也就不会产生沙尘暴。对于干旱地区的沙漠治理，要发挥地衣真菌的作用。以腾格里沙漠东南角的沙坡头为例，沙坡头年降水量为180.2毫米，远远满足不了它蒸发的量，所以水平衡是一个很关键的前提。露地植物的根吸收土壤里的水分以后，经过叶蒸腾到大气中去，在这个过程中植物本身用于代谢的水分只有1%～5%，其余95%～99%的水分都被蒸腾出去了。从另外一个意义上来讲，植物在干旱地区就像一个抽水机，把土壤里的水分抽出来，它自己只用5%，其余95%都被挥发到大气中去了，所以干旱地区假如通过植被来治沙等于添加了大量的"抽水机"。降水量是自然界形成的协调水分的平衡机制，比如年降水量在600到800毫米的森林地带，不种树植被也可以长得很好；年降水量为200到400毫米是干旱草原，200毫米以下是荒漠。微型生物结皮非常适合干旱地区的生存。这个结皮就是地衣真菌和藻类形成的一层皮，等于在沙漠上铺了一层地毯。

都说胡杨是沙漠卫士，在干旱地区长得非常茁壮，而且干死以后千年不倒，倒了以后千年不朽，这是为什么呢？因为它的根系很大很深，当土壤中的水分被吸干了以后，它还能吸到地下水，所以别的植物都死了，胡杨还能生存；由于它的根系很深很大，所以死了也不容易倒；由于太干燥没有微生物分解的缘故，它死了也不朽。

我们提出了一个沙漠地毯工程的设想，把自然形成的微生物经过大量的繁殖后接种到沙

漠上去，让它给沙漠铺一层绿色地毯来治沙，不到一年就可以结皮了。

我们对石果衣进行人工培养测定，在干旱和饥饿双胁迫下，石果衣可以生长7个月，它表面虽然干了，但并没有枯死，7个月以后给它水又可以旺盛地进行生命活动。石果衣抗旱性能非常强，我们正在研究它的抗旱基因，如果把石果衣的抗旱基因和抗旱原理、机理研究清楚以后，将它的抗旱功能基因转移到草皮上去，两者结合起来，再将这种草皮铺到沙漠上，沙漠生物地毯的作用就非常理想了。

总之，真菌资源的研发将为人类的健康和环境的改善做出重要的贡献，从而在人类可持续发展中发挥护航作用。

水环境保护与安全饮水

主讲人介绍

汤洁，吉林大学环境与资源学院教授、博士生导师。

民以食为天，食以水为先，水以安为基。饮水安全是人类健康和生命安全的基础保障，也是国家安全、社会稳定的基石。

一 饮水水源与水污染

1. 水的性质与重要性

水是人体的重要组成部分，约占体重的60%～70%。人体的各项生命活动都离不开水，如控制体温、帮助消化、排泄废物等，都是在水的参与下完成的。水对人体的重要性可以归纳为四个方面：

（1）水参与人体内新陈代谢的全过程。水对很多物质的溶解力很强，具有较大的电离能力，还有较大的流动性能，在人体消化、吸收、循环、排泄过程中可加速营养物质的运送和废物的排泄，使人体内新陈代谢和生理化学反应得以顺利完成。

（2）水是细胞和体液的重要组成部分之一，人体的每个细胞及其基本单元均含有水分，人体的各种腺体分泌物均为液体。

（3）水保持着人体一定的血容量。人体血液的含水量约占80%，如果大量失水，则会使血容量减少而导致低血压，进而影响人体的各器官，特别是心、脑、肾的机能活动。

（4）水对调节人体体温起着重要作用。如外界环境温度过高，体热可随水分经皮肤蒸发散热，以维持人体体温的恒定。

水也是生命的载体，许多生命所必需的物质都通过饮水带入体内。如果水中含有钾、钠、钙、锌、锶等多种对人体有益的微量元素，就相当于补充了营养液。然而受环境污染等因素的影响，日常饮用水的质量有时得不到保障。2014年3月

17日，国家环境保护部发布的一个研究结果显示，我国有2.8亿居民在使用不安全饮用水。假如受污染的水中含有砷，喝了这样的水就等于喝进了毒液，危害人体健康甚至危及生命。

2. 主要饮水水源类型与特点

成人每天的饮水量约为2500毫升，而饮用水的质量直接关系人体的健康。

我国居民通常接触到的饮用水有河水、湖水、水库水、天然的矿泉水和矿物质水、地下水、井水等。对于城市居民来说，大多饮用的是自来水，另一部分是包装饮用水，包装饮用水包括纯净水、矿泉水和矿物质水。农村的供水主要有四种类型，其中地下水和浅井水为主要水源，占67%，山水、河水等引泉之水占9%，雨水仅占3%，从其他村拉来的水占21%。

地表水有什么特点呢？其一是悬浮杂质多，有机物和细菌多。其二是易受到外界环境的影响和污染，如工厂直排的工业废水，农村的垃圾、畜禽粪便直接进入湖泊和河流，都会对地表水造成影响和污染。其三是水硬度低，相对比较甜，说明矿物质含量低。

地下水按含水介质类型可分为孔隙水、裂隙水和岩溶水，按埋藏条件又可分成包气带水、潜水和承压水。

大气降水对于潜水有很大的影响。可以想象，假如地表面有一个垃圾场，没有对垃圾进行合理填埋处理，垃圾污染就会渗入到地下。如果我们在旁边打井抽水，抽出来的水就会含有垃圾渗透的物质。在我国的某些农村，房子的左边是井，右边就是茅厕，可想而知井中抽出来的会是什么水了。这样的潜水喝下去的后果是很可怕的。

下面再来说说承压水。在适宜的地形条件下，当钻孔打到含水层时，水便喷出地表，形成自喷水流，故又称自流水。承压水相对不容易受到污染，是我们重点保护的饮用水水源。

把地下水和地表水做一下比较,就会发现:地下水是埋藏在地表以下各种形式的重力水,通过地层的渗滤作用,它的悬浮杂质、有机质和细菌较少,水温保持相对稳定,且清澈无异味。由于地下水在地下流动的过程中,溶解了地下的一些矿物质,所以硬度很高,作为饮用水首先需要降低它的硬度。当然,地下水一旦受污染,处理起来非常困难。如今,发达国家都把水污染治理重点放在地下水。

3. 水源污染类型与水污染事件

水污染是指水体因某种物质的介入,而导致其化学、物理、生物或者放射性等方面特性的改变,从而影响水的有效利用,危害人体健康或者破坏生态环境,造成水质恶化的现象。

目前水源污染类型有:①来自电厂的热水排放污染;②来自农业的化肥、农药及生活废水排放污染;③来自养殖场的粪便废水排放污染;④来自矿山的有色金属废水排放污染;⑤来自各个企业排放的工业废水污染;⑥来自城市的生活废水污染;⑦来自地表的径流水(是指大量的降水导致了地表中的污染物进入了水体)污染。按污染物的来源又可分为自然污染和人为污染两大类,按污染物进入水环境的空间分布条件可分为点源污染与面源污染,如下图所示。点源污染是指有固定排放点的污染源,如工业废水及城市生活污水,由排放口集中汇入江河湖泊,它比较容易被发现与治理。面源污染是指引起水体污染的排放源分布在广大的面积上,与点源污染相比,它具有很大的随机性、不稳定性和复杂性,受外界气候、水文条件的影响很大,所以治理难度非常大。

目前我们可以把水中污染物划分为四类,也可以简单概括为无机污染物与有机污染物两大类,其中无机无毒污染物包括各种酸碱物质,如工厂排放的各种含酸碱的废水;而无机有毒污染物则被我们称之为重金属污染,那是非常可怕的污染。如重金属砷、铅、汞、铬、镉被称之为“五毒元素”,它们在水中不能被生物降解,因而会长期存在,人们使用被污染的饮用水后,容易造成慢性中毒。

总之，水污染造成的影响非常大，危害主要有以下几种：①影响人民生活，危害人体健康；②制约工业发展，导致生态环境的退化和破坏；③降低农作物产量和质量，影响渔业产量和质量，造成巨大的经济损失。

二 安全饮水与人体健康

1. 与饮水水质有关的主要疾病类型

喝了被污染的水，会对身体造成什么样的危害，或者说会引发什么类型的疾病呢？与水质有关的主要疾病类型见下表。

与饮水水质有关的主要疾病类型

疾病类型	致病原因
心血管系统疾病	钙、镁、硒摄入不足
脑血管系统疾病	摄入过量二氧化硅
内分泌系统疾病	摄入过量碘或碘缺乏
消化系统疾病	摄入过量的镁
神经系统疾病	摄入过量的汞、砷
结缔组织疾病	摄入过量钛、硒、砷

可见人体内的某些元素不足与过量都会引发疾病，如钙、镁、硒摄入不足易引发心血管系统疾病，而摄入过量的镁元素又会引发消化系统疾病，等等。特别是汞中毒，历史上最严重的汞中毒事件就发生在日本熊本县水俣湾，也称为水俣病。1956年，水俣湾附近出现了一种奇怪的“猫舞蹈症”，病猫步态不稳，抽搐、麻痹，甚至跳海死去，被称为“自杀猫”。不久，此地也出现了类似症状的居民，患者由于大脑中枢神经和末梢神经被侵害，轻者口齿不清、步履蹒跚、面部痴呆、手足麻痹、感觉障碍、视觉丧失、震颤、手足变形；重者精神失常，或酣睡，或兴奋，直至死亡。

因此，对于生命所必需的元素，少了不行，多了也不好，摄入量必须保持适度。正如大家知道的，幼儿大量补充钙剂会导致钙中毒，反而长不了个子；中老年人缺钙会导致骨质疏松症，适量摄取钙才对人体有益。

2. 氟与氟中毒

氟是生命必需的元素，过量和缺乏都不行。如果人体内缺氟，首先受害的是牙齿，会导致龋齿；缺氟还对生长发育、甲状腺功能及血液系统等正常生理活动造成不良影响。如果人体内含氟过量，会对神经系统、消化系统、泌尿系统、内分泌和免疫系统等产生一系列不良影响。因长期摄入过量的氟而造成的对牙齿和骨骼的损害，会导致氟牙症和氟骨病，主要发生在高氟地区，黑龙江、吉林、北京、天津、广西、山西等地均曾发生过。

氟广泛分布在自然界的各种岩石、矿物、大气、土壤、地表水和动植物体内。植物叶片含氟量较高，一般情况下，每克植物叶片中含有3～14毫克的氟。

高氟水的形成主要受背景岩石、蒸发作用、地温环境以及人类活动影响。

氟的富集模式主要有：①岩石的风化作用，即含氟岩石矿物溶解使氟进入水体；②土壤层淋滤方式；③人为的氟污染。

《中华人民共和国生活饮用水卫生标准》(GB 5749—2006)生活饮用水含氟量标准为1.00毫克/升，而对于农村小型集中式供水和分散式供水的水质，因条件限制，氟的指标暂可按照1.20毫克/升执行。

对地方性氟中毒的防治方法有：改换水源，即通过打低氟深井引水、引用江河湖泊泉等低氟地面水为饮用水等；技术除氟，即采用化学与生物方法进行降低氟含量，如采用混凝沉淀法、活性氧化铝吸附法、骨炭吸附法等来降低水中含氟量。

目前技术含量较高的是反渗透法除氟(流程详见下图)。

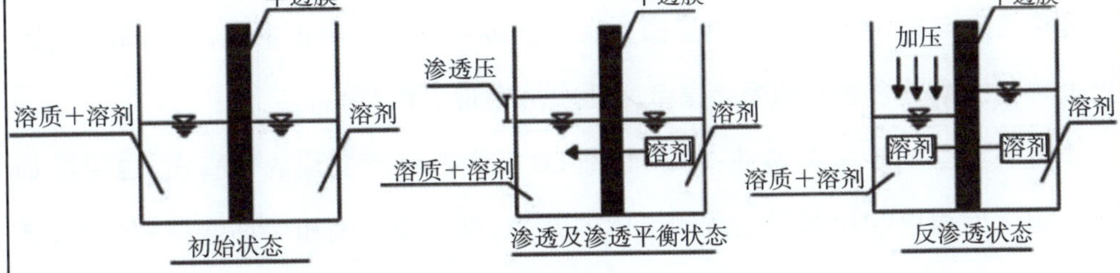

反渗透除氟原理图

三 砷与砷中毒

砷广泛分布于大气、水、土壤、岩石和生物体中。水中的砷主要来自岩石、矿物的分解和人为污染。

《中华人民共和国生活饮用水卫生标准》(GB 5749—2006)规定:生活饮用水含砷量标准为0.01毫克/升,农村小型集中式供水和分散式供水的水质因条件限制,砷的指标暂可按照0.05毫克/升执行。

砷参与机体的正常代谢,人体每天从食物和饮用水中摄入砷的量为0.5~2.5毫克,正常人体砷的总含量约为98毫克。砷在机体内的代谢较快,半衰期为10小时至几天,而进入机体的砷在4~6小时后即开始排泄,每天的总排泄量约为1毫克。砷的代谢与砷的价态及化合物的种类有关,从代谢速度来看,五价砷化合物大于三价砷化合物,有机砷大于无机砷。

砷中毒会损伤血管,造成染色体变异,影响酶系统代谢,导致神经系统功能紊乱。根据砷的来源可将砷中毒分为药物型、污染型、职业型和生物地球化学型。生物地球化学型砷中毒主要指原生环境或非人为因素所引起的砷中毒。新疆、内蒙古等地的砷中毒是比较典型的生物地球化学型砷中毒,污染型与生物地球化学型砷中毒多与饮用水中砷的过量摄入有关。砷中毒俗称砒霜中毒,有专家推测历史上著名的拿破仑之死和光绪皇帝之死均与砒霜中毒有关。

我国典型的砷中毒事件:①20世纪50年代在台湾发现的乌脚病,也叫黑脚病。因当地居民饮用淤泥质沉积层中的井水,砷含量和有机物质含量都较高,砷中毒的症状非常严重,主要表现为脚先发黑,然后溃烂。②20世纪80年代在新疆的天山以北地区,由于浅层水的砷含量太高,当地打深层水井,结果发现饮用深层井水后出现砷中毒的症状,后查实深层井水的氟含量非常高。③1990年后,在内蒙古的河套平原发现砷中毒病区，病区人口达50万人之多，病情重，原因是改革开放以后，当地居民在院子里打手压井，井水的砷含量达1.0～7.9毫克/升，饮用10年后砷中毒大面积爆发。

在众多砷中毒病区中，要数内蒙古自治区河套平原最典型，该地区患者不但手、脚掌角化严重，而且还发现一些皮肤癌患者。特别是在内蒙古呼包盆地的沉降中心地带的北园村，砷中毒的检出率达69%。该村在1962至1990年的近30年间累计人口为674人，各类癌症的累计死亡人数为133人。其中肺癌死亡率为48.38%，肝癌死亡率为21.81%，皮肤癌死亡率为12.78%，胃癌死亡率为3%，食管癌死亡率为3%。

我们来了解一下水砷与砷中毒病情的关系。以无机砷为主的新疆、山西和吉林病区，水砷含量与人们病情的关系大致如下：小于0.2毫克/升基本无明显反应，0.2～0.3毫克/升时出现轻微症状，0.4毫克/升时病情较重，大于0.4毫克/升会出现严重症状，但很少出现癌症，属神经系统型砷中毒。以三价砷和甲基砷为主的内蒙古病区：当水砷含量为0.2毫克/升时往往出现明显的砷中毒症状，0.3～0.4毫克/升时出现严重症状患者，大于0.4毫克/升且在砷中毒症状加重的同时，还会出现较多的皮肤癌患者。

我们再来探讨饮水水源保护与砷中毒的防治。地方性砷中毒多发于饮水型砷中毒病区，对有条件的地区应建立生活饮用水水源地，统一供给居民饮用水；对无低砷水源的地区，应对高砷水进行降砷处理，或者动员居民搬迁，脱离高砷环境。

四 饮水与癌症

1. 环境致癌物

世界公认的三大强烈致癌物质为黄曲霉毒素、苯并芘和亚硝胺。黄曲霉毒素是已知的最强烈的致癌物，存在于霉变食物中，所以霉变食物不能吃。苯并芘主要产生于煤、石油、天然气等物质的燃烧过程中，长期接触苯并芘，除能引发肺癌外，还会引起膀胱癌、乳腺癌等。亚硝胺有100多种化合物，几乎可以引发人体所有脏器肿瘤，其中以消化系统肿瘤最为常见，最主要的有食管癌、胃癌，因此食品专家提醒公众要少吃腌制的食品。

饮用水在氯化消毒过程中，氯与水中天然有机物会发生反应，易产生三卤甲烷类及其他明显致突变的氯化消毒副产物。研究结果表明，氯化消毒后的饮用水与胃肠道和泌尿道肿瘤相关。而含氯和含溴的合成农药是持久的致癌性农药，包括艾氏剂、狄氏剂、氯丹等，均被禁用。可能与饮水相关的癌症发病部位依次为膀胱、直肠、结肠、胃、胰、食管、肝、肺、脑。

环境中元素或化合物与癌症的关系见下表。

环境中元素或化合物与癌症的关系

元素或化合物		癌症名称
金属	砷	皮肤癌
	镍	鼻窦癌
	铬	肺癌
	锡	前列腺癌
有机物	芳香胺	膀胱癌
	氯乙烯	肝血管肉瘤、脑癌、肺癌
	丙　烯	肺和胃肠道癌
	氯丁二烯	血管肉瘤
	烷化剂	肺癌
	苯	白血病

2. 饮水与癌症

世界卫生组织的数据显示，2012年全世界大约有1400万新发癌症病例，癌症相关死亡为820万例。预测全球癌症病例将呈现迅猛增长态势，由2012年的1400万人逐年递增至2025年的1900万人，到2035年将达到2400万人。《2012中国肿瘤登记年报》显示，每分钟就有6人确诊为癌症。在我国，每年癌症死亡人数约80万人，相当于每两分钟就有3人因癌症而死亡。

我国饮水的突出问题是饮水水质不良，有机污染严重。饮水水源与癌症的高发有密切的关系，如江苏启东地区饮宅沟水（塘水）者的死亡率最高，饮深井水者的死亡率最低；广西扶绥肝癌高发区也呈现相似的规律，根据统计，饮污染严重的池塘水者的肝癌死亡率最高，而饮洁净的溪水、河水者的肝癌死亡率最低。从我国966个县的居民健康状况调查研究表明，半干旱气候区、煤矿开采区及下游大范围的山区居民患食管癌的原因是居民终身饮用受污染的河水、渠水、河边井水、山泉水等。

3. 癌症的预防

研究结果表明，改水防癌效果显著。广西扶绥县自1974年起，开始了对肝癌的防治研究。针对肝癌高发的主要危险因素——黄曲霉毒素、乙型肝炎病毒和饮水污染的研究结果，陆续开展了以“减少黄曲霉毒素摄入量和改良饮用水”为主的肝癌综合预防。从1982年开始实施系统改水工程，全县饮用塘水者的比例从1981年的34%下降到1994年的9.4%，饮用深井水和自来水的居民从22.5%上升至63.6%，改水满5年后肝癌发病率有所下降，改水满8年后发病率从改水前的0.0785%下降至改水后的0.0483%。

河南林州市的原饮用水源为山泉水、库渠河水和手压井水，癌症发病率和死亡率都很高，改用机井（深50～250米）饮用水后，情况得到明显改观。林州市改用机井水后不同时间居民食管癌发生、死亡情况见下表。

林州市改用机井水后不同时间居民食管癌发生、死亡情况

时间（年）	人口数（人）	发病数（人）	死亡数（人）
1—9	367188	486	415
10—15	510274	376	305
＞15	467855	376	278

五 保障安全饮用水的主要措施

安全饮用水指的是一个人终身饮用也不会对健康产生明显危害的饮用水。根据世界卫生组织的定义，所谓终身饮用是按人均寿命70岁为基数，以每天每人2升饮用水计算。安全饮用水还应包含日常个人卫生用水，如洗澡用水、漱口用水等。如果水中含有害物质，这些物质可能在洗澡、漱口时通过皮肤接触、呼吸吸收等方式进入人体，从而对人体健康产生影响。

那么，我们怎样才能保障安全饮用水呢？主要措施有以下三点：

1. 水源保护

（1）科学规划。要用科学手段全面摸清本地区地表水、地下水资源开发利用现状，找出存在的问题及其成因，合理选择水源。同时还要科学划定饮用水水源保护区，这里是指地表水与地下水水源的保护区。

（2）依法保护。我们国家保护水源的法令历史悠久。早在1737年，我国就出现《永禁虎丘染坊碑》这样的水污染防治法规，比英国1833年颁布的《水质污染控制法》早96年，比美国1899年颁布的《河川港湾法》早了162年。当时在虎丘周边有大量织布的染坊，排放的废水污染了居民日常饮用的湖水，所以当时的皇帝颁布法令禁止在虎丘旁边建立染坊。

2008年2月28日，《中华人民共和国水污染防治法》在中华人民共和国第十届全国人民代

表大会常务委员会第三十二次会议上修订通过，并于2008年6月1日起施行。法规是有了，关键要看执法严不严了。《人民日报》于2013年提出用法制向污染地下水的行为宣战，并指出：只有当每个主体都能严格依法办事，当法治成为像钢铁一样坚硬的准绳时，才会有天蓝、地绿、水净的美丽中国。

（3）风险防范。要加大备用水源地建设投资，对备用水源地要做到类型互补、水量保证、加强保护、科学管理。同时评估饮用水水源风险，针对各类风险源建立环境预警应急管理体系和有效的饮用水应急保障体系。

（4）生态修复。水系生态修复是指对湖、江、河、湿地的水质改善、水土保持、动植物栖息和绿化美化等方面的修复治理，确保饮用水安全。

2. 加强水处理

污水深度处理常见的方法有活性炭吸附法、膜分离法、高级氧化法、臭氧法等。我们尤其要探索研究臭氧—生物活性炭、膜处理新技术。臭氧—生物活性炭深度水处理技术被称为饮用水的第二代净水技术，这种技术采用臭氧氧化和生物活性炭滤池联用的方法，将臭氧化学氧化、臭氧灭菌消毒、活性炭物理化学吸附和生物氧化降解四种技术融为一体，其主要目的是在常规处理之后进一步去除水中有机污染物、氯消毒副产物的前体物等，保证净水工艺出水的化学稳定性和生物稳定性。

3. 科学饮水

我们每天都要喝水，但喝什么水好？这是人们非常关心的问题。

近年来，随着人们消费观念的变化和环保意识的增强，市场上陆续出现了矿泉水、矿化水、纯净水、蒸馏水和太空水等产品。矿泉水、矿化水的厂商宣传自己的产品含有多种人体需要的矿物质，能祛病强身，是最好的饮料。太空水、纯净水的厂商也不甘示弱，宣传纯净水纯度高，易使食物养分溶于水中而被人体吸收，并易排出人体中的有害物质。

其实，我们没必要去理会什么水的营养价值高，什么水的营养价值低，因为人体对微量元素的吸收要适量，不是越多越好。我们需要的是安全健康的饮用水。

那么，如何保证饮用水的安全健康呢？这里介绍几种简单有效的方法：

（1）自来水要加热烧开，水快开时，把壶盖打开，让水中残留的挥发性有机物（氯等）充分挥发掉，再加盖烧开2～3分钟后关火。

（2）矿泉水可以适当多饮用一些，以补充人体每天流失掉的水分、矿物质和微量元素。

（3）纯净水的pH值小于7，呈酸性，可以偶尔喝，但不适宜作为日常饮用水长期饮用。

（4）要对饮水机的出水系统进行定期清洗消毒，尽可能地缩短每桶水的使用周期。

（5）净水器活性炭和微孔过滤膜的使用时间不要超过3个月，要定期更换或清洗。

自然灾害与人类生存

主讲人介绍

刘嘉麒，博士，中国科学院院士，中国科学院地质与地球物理研究所研究员。

自然灾害是指给人类生存带来危害或损害人类生活环境的自然现象。近十多年来，地震、火山爆发接连不断，狂风暴雨、酷热干旱遍及全球，严重威胁着人类的生存。

一 当前全球自然灾害的态势

当前，地震活动十分频繁。每年造成破坏的地震大约有1000次，其中7级或者7级以上的大地震有20次左右，8级或8级以上的巨大地震平均每年一次。据史料记载，震级最大的是1960年5月22日下午3点的智利大地震，达到9.5级。

截至目前，全球至少发生过两次造成80万人死亡的大地震。一次是1201年7月，发生在地中海东部的大地震，造成大约110万人死亡；另一次是1556年2月，发生在中国陕西的华县大地震，导致83万人死亡。进入21世纪之后，这十几年时间内，地球上已发生7级或7级以上的强震近80次，造成近70万人死亡。

火山活动也越来越频繁，全球每年约有50次火山喷发，包括陆地和海洋。近10年来，火山喷发的频率和强度明显在增加。

地震和火山都是地壳活动的集中体现，两者往往相伴而生，火山多的地方地震也多，火山活动必然引起地震，但地震并不一定引起火山喷发。现时的地球正处于地质构造运动的活跃期，尽管地震等自然灾害频繁发生，但可以肯定的是，这仍属于地质构造运动的正常范畴，并非“世界末日”又来了。如2012年“世界末日”的预言曾喧嚣一时，但过了这一年的12月21日，这种论调就不攻自破了。从全球看，地震带和火山带基本是重合的。

近年来，台风、龙卷风、暴雨、洪涝、高温、干旱、冰冻、雪灾、沙尘暴等气象灾害频频发生，殃及之广，灾害之严重，历史少见。据统计，从1900年至1999年，其间发生极端气候事件的次数只有3次；而2000年至2008年，发生极端气候事件高达354次。

二 自然灾害的类型、特征及危害

1. 地质灾害

对人类威胁比较大的或者伤亡最多的地质灾害就是地震。地震震级是依据地震发生时释放出来的能量大小确定的，一次地震只有一个震级；一次地震的烈度在不同地点是不同的，分12级，烈度大小主要受震级、震源深度、震中距、地质条件、地面建筑等因素的影响。一般情况下，震级越大，烈度也越大。在同一次地震中，离震中越近，烈度越大；离震中越远，烈度越小。

据统计资料显示，中国不是全球地震最多的国家，却是遭受损失最大的国家。自20世纪至今，中国因地震死亡人数占全球因地震死亡总人数的60%以上。同一时段，全球共发生造成20万人以上死亡的大地震两次，不幸的是，这两次地震都发生在中国：一次是1920年宁夏海原的8.5级特大地震，造成23.5万人死亡；另一次是1976年河北唐山的7.8级地震，造成24.4万人死亡。2008年汶川8.0级特大地震又造成近9万人死亡。同时，在中国，地震灾害造成的伤亡人数占各种自然灾害伤亡人数的近60%。

火山灾害被列为世界主要自然灾害之一，据不完全统计，在近400年的时间里，火山喷发已经夺去了大约27万人的生命。

火山碎屑流是火山灾害的典型特征之一。它是由炽热的火山灰、火山气体和火山碎屑物混在一起形成的流体，其能量大、流速快，从火山口喷出后，可带着800℃的高温，以每小时100千米的速度向前推进数千米至上百千米，摧毁沿途所遇的一切地面树木、农田和建筑物，威胁人的生命安全，是火山灾害中最危险的一种。例如，公元79年意大利维苏威火山喷发形成的火山碎屑流和火山灰，不仅严

重破坏了赫库兰尼姆、斯塔比亚等海滨城市，还把位于火山南部当时繁华的庞贝城埋葬，直到1689年，这座绝迹多年的城市遗迹和死难者的遗骸才被发现。

熔岩流也是火山灾害的主要特征。1985年，哥伦比亚的鲁伊斯火山喷发，其实际规模并不是很大，但是火山形成的熔岩流和碎屑流把城市冲毁，导致23000多人丧生，这是近代火山灾害中死亡人数最多的一次。

火山灰与火山云也是火山灾害非常典型的特征。火山灰通常是指粒径小于2毫米的火山喷发物，由喷射到高空的岩浆珠滴冷却形成的微小颗粒及其他物质的微粒组成。它同火山气体、火山碎屑物及火山弹等可在很短的时间内一起射入高空，最高可达40千米，形成火山柱和火山云，其中一部分在空中停留很短时间又降落到地面，破坏地面植被和建筑物，危害人和其他生命。1951年巴布亚新几内亚的拉明顿火山喷发，炽热的火山灰使约90平方千米的植被毁于一旦，房屋倒塌，2942人死亡。1963年，印尼阿贡火山喷发，直接死于炽热火山灰的就有1670余人。

火山喷发还会影响航空、航天飞行，甚至造成空难。悬浮在空中的火山灰会降低空中的透明度，影响飞机的正常运行，还会损坏发动机的正常功能，干扰导航系统，甚至会造成发动机失灵，危及飞行安全。如1989年12月，美国阿拉斯加的里道特火山喷发形成的火山灰云，使一架满载231名乘客的波音747客机的四个发动机突然熄火达五分钟，整个飞机在无任何动力来源的情况下自8534米垂直下降到4267米，尽管最后发动机又恢复了工作，但那时距离下面的山顶仅有1219

米，情况十分危险。

地质灾害具有隐蔽性强、突发性强、破坏性强等诸多特征，难以排查出来，一旦形成灾害会造成重大损失。除了地震、火山以外，其他的地质灾害如山体滑坡、崩塌、泥石流、地裂缝等灾害，都会给人类社会带来很大的危害。

2. 海洋灾害

海洋灾害主要有海平面升降、巨浪与风暴潮、海啸、冰山、赤潮等。这里主要介绍海啸。

海啸是日本语中的名称，意思是海湾的波，它是海底地震、火山爆发、海底滑坡或气象变化产生的破坏性海浪，海啸的波速高达每小时700～800千米，在几小时内就能横过大洋；波长可达数百千米，可以传播数千千米而能量损失很小；在茫茫的大洋里波高不足1米，但当到达海岸浅水地带时，波长减短而波高急剧增高，可达数十米，形成含有巨大能量的“水墙”。如1960年在智利西海岸发生的海啸，竟能跨越17000千米到达日本海域。

1883年，印尼喀拉喀托火山猛烈喷发引起的海啸，袭击了爪哇和苏门答腊，海浪高达35米，毁坏了300个村庄，造成36000余人死亡。

2004年12月26日，印度洋发生9级地震及其引起的强烈海啸，无情地偷袭了东南亚、南亚和东非地区等10多个国家。这场灾难带走了15.6万人的生命，并给东南亚国家的经济带来重大损失。

3. 气象灾害

气象灾害主要有干旱、洪涝、霜冻、冰雹、寒潮、高温、台风、沙暴、大雾、阴霾、酸雨等，不仅种类繁多，而且发生频繁。

大多气象灾害已为人们所熟悉，让我们来了解一下最近频频发生的雾霾天气吧。要形成污染严重、能见度低的雾霾天气，需要以下条件：有污染物的排放；有不利于污染物扩散的气象条件(无风)。粒径小于2.5微米的颗粒状污染物可以在大气中停留约一个星期。污染源从何而来?化石燃料的燃烧是主要污染源。一次来源是污染源直接排放到大气中的颗粒物;二次来源是指排放到大气中的污染物,如二氧化硫、氮氧化物等在大气中发生复杂的物理化学反应后形成的颗粒物。污染严重时,二次来源可以占三分之二。研究表明,大城市中微粒小于2.5微米的污染源主要来自于机动车、燃煤、工业排放、建筑物扬尘等。

遇到雾霾天气时要尽量避免在室外活动,这是因为粒径小于2.5微米的颗粒物对于人体健康的影响主要是通过氧化应激和全身系统的炎症来实现的。

三 中国为什么灾害频发

中国处于世界上两大自然灾害带的交界处,属于复合的高自然灾害风险区,具有灾害种类多、分布范围广、发生频率高的特征。

1. 中国地质格局

中国处于大陆碰撞带和板块俯冲带,其地质背景是周围受一些板块的俯冲作用,如印度板块每年向东北方移动5厘米,撞向喜马拉雅山造成青藏高原隆起。由于受印度板块、菲律宾板块和太平洋板块的俯冲作用,中国的地质灾害多发生在中西部地区,比如2008年的汶川地震就发生在这个构造挤压带地区。汶川地震释放的巨大能量,引发了南北地震带中不同断裂带的调整运动,也让这些断裂带趋向于不稳定,一般会有10年左右的活跃期,所以其周围频频发生地震。

地震等地质灾害虽然主要发生在中西部地区,但东部也不能放松警惕,特别是沿郯庐断裂带发生强烈地震的可能相当大。郯庐断裂带是中国东部的一条大型断裂带,因1959年发现时认为其北起山东郯城,南至安徽庐江而得名。从古至今，郯庐断裂带及其附近两侧，大大小小的地震活动从未间断过。如1668年7月28日，山东郯城发生8.5级大地震，波及大半个中国，是千年罕遇的一次特大地震事件；1969年7月15日，渤海中部再次发生7.4级地震；1975年2月24日，在辽宁海城发生7.3级地震。

中国的地震活动主要分布在5个地区的23条地震带上。这5个地区是：①台湾及其附近海域；②西南地区，主要是西藏、四川西部和云南中西部；③西北地区，主要在甘肃河西走廊、青海、宁夏、天山南北麓；④华北地区，主要在太行山两侧、汾渭河谷、阴山——燕山一带、山东中部和渤海湾；⑤东南沿海的广东、福建等地。

2. 季风气候的影响

季风气候是一个气象术语，夏季一般受海洋气流影响，冬季受大陆气流影响。季风主要分布于亚洲的东部和南部沿海地区。

由于季风强弱与进退时间每年不一样，所以季风气候易发生干旱、洪涝等自然灾害。中国大部分地区处于亚洲季风区，致使台风等极端气候事件频发。近40多年来，中国平均每年出现7.5次旱灾、5.8次洪涝灾害、6.9次台风、2.5次冷冻灾害。

3. 生态环境遭到破坏

美国佐治亚理工学院Brian Stone教授指出，全球变暖是土地利用和温室气体排放共同作用的结果。每平方千米热带雨林至少储存了20000吨碳，而每平方千米草地只能储存800吨碳。大范围的森林采伐使得降水减少、云的形成受阻，造成短波辐射增强，最终导致气温上升。在任何时间点，城市气温都高于其临近农村1.2～1.8摄氏度。

中国城市化发展迅速，所带来的热岛效应明显，从而引起的温室效应会使人类赖以生存的生态环境发生恶化，生态环境一旦受到破坏，就加剧了自然灾害的发生。

因此，在类型众多的自然灾害中，除了地震、火山活动之外，许多自然灾害都与人类破坏生态环境密切相关，生态环境恶化也是导致自然灾害频繁发生的主要原因之一。

四 如何应对自然灾害

2005年减少灾害问题世界会议指出，预防和减轻自然灾害是21世纪最重要、最迫切的20个全球性问题之一。这一问题的规模之大，造成的苦难之巨，使得采取全球性预防和减轻灾害措施迫在眉睫。

1. 防患于未然

1835年3月4日，达尔文来到刚刚发生过强烈地震的智利康塞浦西翁市，看到满目疮痍的城市，不由感慨："人类用了无数时间与辛勤劳动建立起来的城市与文明，只在1分钟内就被彻底毁灭了。"的确，许多自然灾害都是突如其来的，就更要加强预防措施。

举同一地区的两次地震的例子来说明防灾重于抗灾：在日本东京—横滨这一地区，1923年发生了8.2级大地震，致使东京城内85%的房屋毁于一旦，横滨96%的房屋被夷为平地，死亡和失踪人数超过14万人，受伤人数超过20万人。灾后，日本增强了防灾意识，新的建筑设施具备防震抗震功能。到了2011年，这一地区的人口密度已经增加了好几倍，而在发生的9级大地震中，死亡人数为14063人，失踪人数为13691人。由此可以看出，人类对突如其来的自然灾害必须防患于未然。

2. 加强科学研究，提高认知水平和抗灾能力

自然界存在着无限的奥秘，各种自然灾害都有其形成的机理和发生的规律，必须加强观测，深入研究，掌握其发生的机理和规律，进而做到准确地预报，有效地预防。同时，要加强防灾抗灾教育，提高公众认知水平和防灾抗灾能力。

3. 人类与自然和谐发展是必然趋势

人类自诞生以来，始终受制于自然环境的变化。人类生存与自然环境变化的相互关系经历了三个阶段：第一阶段是原始社会，即人类在依赖和适应环境变化中生存和发展；第二阶段是农业与工业社会，即人类在向大自然索取和掠夺过程中影响和改造着自然，也给自己带来深重灾难；第三阶段就是现代社会，即与自然环境的协调发展是人类生存的必然选择。

自然界有其自身的发展规律，人类活动是对自然作用的附加、共振或干扰，一旦超出自然界的负荷，打破自然平衡，就会出现异常现象，引起灾难。生态环境是人类生存和社会发展的基础。不管社会怎么发展，适于人类生存的环境必须回归自然。

4. 实现生态文明

人类的历史是一部文明史，从最早有记载的古巴比伦王朝到现代世界已有约6000年的文明史。人类已经历了农业文明、工业文明、电气文明，下一个文明是什么？毫无疑问，应该是生态文明，也就是绿色文明。

目前，我国经济增长的态势基本上还处于工业文明和电气文明阶段，资源、能

源消耗过度，环境破坏和污染严重，必须厉行节约、文明消费、节能减排和保护环境，从工业文明（黑色文明）走向生态文明（绿色文明）。

绿色是生机勃勃的象征，它既要保护原生态，防治荒芜与污染，更要建设资源节约型、环境友好型社会，实现绿色GDP、绿色环境和绿色生活。生态文明是一种新的发展模式，也是21世纪人类最大规模的经济、社会和环境革命，将比以往的工业革命意义更为重大，影响更为深远。

多元视野中的化学

主讲人介绍

赵东元，中国科学院院士，复旦大学教授、博士生导师。

化学与信息技术、生物技术、核技术、激光技术、航天技术、纳米技术息息相关，是一门历史悠久而又富有活力的学科，并产生了许多重要的交叉学科，推动了社会发展与文明进步。

一 化学是一门中心科学

现在，公众对化学有这样一种误解，认为化学是带来环境污染的罪魁祸首，有了化学就意味着没有绿色，甚至有人歧视化学专业，不愿意选化学作为自己的专业。在日常生活中，人们经常会在食品、化妆品的标签上看到“不含有任何化学成分”的字样，如此一来，人们普遍认为化学是有害的。其实，化妆品内不含化学成分的概率微乎其微。

事实上，化学是整个国民经济的支柱，它与材料、信息、生物技术等都密切相关。化学是一门研究化学反应的物质科学，可以通过反应把化学能转变为其他形式的能量，为人们创造新的物质。世界上成千上万的东西其实都是通过化学原理创造出来的。在自然科学中，通过化学作用可以在分子、原子的基础上创造一些新的物质，包括人工模仿自然界的新物质，从而了解自然界的某些变化规律。

2011 年，正值居里夫人获得诺贝尔化学奖 100 周年，也恰逢国际纯粹与应用化学联合会的前身国际化学会联盟成立 100 周年。2008 年年底，第 63 届联合国大会通过决议，将 2011 年定为“国际化学年”，旨在全球范围内彰显化学对社会进步和人类文明的贡献，促进公众对化学的认识和了解，培养和提高年轻人对化学未来发展的兴趣与热情。作为化学大国，中国积极响应，组织了以“化学——我们的生活，我们的未来”为主题的“国际化学年在中国”系列活动，旨在通过化学科学的发展，给我们的生活带来美好的未来。因此，化学是推动整个社会进步的标志，化学是一门创造新物质的中心科学。

二 化学是人类使用新材料的源泉

利用一种很平常的物质，运用一些经验和知识就可以得到一些有机和无机结合的材料，有了这些材料，又可以创造出很多产品。这就是化学的魅力。

化学推动了材料科学的发展，进而推动了整个社会的发展。材料是人类社会必备的物质基础。每一次材料的进步，都是社会进步的一个里程碑。从石器→铜器→钢铁→半导体→超导材料，每一次进步，每一次材料的发展，都给人类社会带来革命性的变化。

中国在材料方面做了很多的贡献，特别是中国古代的铜冶炼技术与熔融法冶铁技术。中国在新石器时代就开始掌握铜的冶炼技术，制造出铜的匕首。到了唐朝，铜的冶炼已经到了鼎盛时期，已经可以制造表面非常光滑的铜镜。中国早在春秋时期就已经较好地掌握了熔融法冶铁技术，用来制造兵器与生产工具。但是到了现代，我国的钢铁技术就相对落后了，比起美国或者其他发达国家至少要落后10年。

中国是世界上最早发明和制造陶瓷的国家，早在公元前4000年左右就开始使用陶瓷。但是现在我国的陶瓷工艺和英国相比，还是比较落后的。因此，作为化学家，要承担起社会的责任，要宣传化学，让大家都来关注化学、了解化学，并且致力于通过化学改变我们的生存环境，使我们的生活和未来更加美好。

2011年9月13日至15日，在由中国化学会和中国国家自然科学基金委员会共同主办的第三届化学科学与社会高峰论坛会议上，来自中国、美国、英国、德国和日本5个参与国的39位顶级生物与药物化学家汇集在北京，讨论了以下四个议题：一是生物活性分子、天然产物及生物催化剂的合成；二是化学在诊断与分子成像领域新进展；三是药物设计与开发；四是化学在生物探索中的作用。会议旨在把全世界化学研究中的最好想法集中起来，以探求国际社会面临的最紧迫的健康、食品、能源、环境等问题的创新性解决方案，以期为全球化学科学研究指明方向。

三 化学与纳米材料

化学推动了整个社会的进步，而正在兴起的纳米材料将为化学研究开辟一个新领域。

1. 纳米材料

纳米是一种长度计量单位，1纳米等于一百万分之一毫米。纳米材料是指其结构单元的尺寸介于1～100纳米范围之间，这相当于10～100个原子紧密排列在一起的尺度。

纳米材料具有一定的独特性，当物质尺度小到一定程度时，则必须改用量子力学取代传统力学的观点来描述它的行为。

由于纳米材料具有明显不同于块体材料和单个分子的独特性能，具有小体积效应、量子尺寸效应、表面和界面效应、宏观量子隧道效应、介电限域效应，因此它在电子、光学、化工、陶瓷、生物和医药等诸多方面有重要应用。

由于尺寸的改变，纳米材料具有独特的结构和性能，与其相关的化学研究也发生了很大改变。比如铜是优良的导体，但是铜加工到某个纳米尺度就不导电了；又如陶瓷很脆，一摔就碎，但是纳米陶瓷就能任意弯曲。这就是纳米的力度或者尺寸效应造成的差别。

事实上，纳米技术并不神秘，也不是人类的专利，早在宇宙诞生之初，纳米材料和纳米技术就已经存在了。比如，那些溶洞中的石笋就是一纳米一纳米地生长起来的，所以才千奇百怪；贝壳和牙齿也是一纳米一纳米地生长，所以才那样坚硬；植物和头发也是一纳米一纳米地生长，所以才那样柔韧；荷叶上有类似于纳米技术生长出来的绒毛，所以才能不沾水；就连我们人类的身体，也是一纳米一纳米生长起来的，所以才那样复杂。

因为纳米技术，大自然中的一些生物矿化材料才有鬼斧神工之妙，非常好看。比如海螺的螺纹有左旋和右旋两个完全不同的方向；蜜蜂建造出来的蜂巢如此地漂亮。这些都是生物创造的纳米结构，值得人类向它们好好地学习。

鲍鱼壳的主要成分是硅酸盐，与传统水泥相同，但其强度比飞机玻璃还高。在显微镜下，科学家发现鲍鱼壳（微观层状结构）就像“砖墙”，一层层超薄的碳酸钙好比是砖，不到亿分之一米厚的有机蛋白质层好比是水泥，把碳酸钙紧紧连接在一起，使鲍鱼壳强度可与高级陶瓷相媲美，但又不像陶瓷脆而易碎。人们正采用纳米技术模仿鲍鱼壳，用自组装聚合物制造仿生多层结构。

一提到莲花，人们就会很自然地联想到荷叶上滚动的露珠，即所谓的莲花自清洁效应。那么，是什么原因导致了这种莲花效应呢？莲花效应又能给莲花本身带来什么好处？现代电子显微镜技术可以帮助我们给出正确的答案。通过电子显微镜，可以观察到莲叶表面覆盖着无数个尺寸约10微米的突包，而每个突包的表面又布满了直径仅为几百纳米的绒毛。这是自然界中生物长期进化的结果，正是这种特殊的纳米结构，使得荷叶表面不沾水滴。借助莲花效应，荷叶可保持清洁。当荷叶上有水珠时，风吹动水珠在叶面上滚动，水珠可以粘起叶面上的灰尘，并从上面高速滑落，从而使得莲叶能够更好地进行光合作用。目前，莲花效应被应用于人类生活产品中，如汽车漆、屋顶板等等。

还有蜘蛛丝，直径有100纳米左右，是真正的纯天然纳米纤维。如果用蜘蛛丝制成和普通钢丝绳一样粗细的绳索，那么它可以吊起上千吨重的物体，其强度可与钢索相媲美。可以说，自然界中的仿生纳米技术比比皆是。

2. 碳纳米管

碳纳米管是一种具有特殊结构(径向尺寸为纳米量级,轴向尺寸为微米量级,管子两端基本上封口)的一维量子材料。碳纳米管主要是由呈六边形排列的碳原子构成的数层到数十层的同轴圆管。层与层之间保持固定的距离,约0.34纳米,直径一般为2～20纳米。并且根据碳六边形沿轴向的不同取向可以将其分成锯齿形、扶手椅形和螺旋形三种。其中螺旋形的碳纳米管具有手性,而锯齿形和扶手椅形碳纳米管没有手性。

多层碳纳米管具有不寻常的性能,它的电能非常优越,尤其是机械强度非常强。有人幻想,如果我们需要把一根线,比如导线或者是电缆,从地球拉到月球,只要用一根碳纳米管就够了,它的强度非常好,可以经受住风吹雨打。当然我们现在做不到那么长,也做不了那么好的碳纳米管。

3. 纳米化学

纳米化学主要研究原子以上、100纳米以下的纳米世界中的各种化学问题,是研究纳米体系的化学制备、化学性质及应用的科学。

纳米材料其实早就有了,怎么样来实现纳米粒子的控制,这是化学研究所要攻克的目标,一旦化学家掌握操控纳米粒子的技术要领,就能够把纳米粒子组装成各种各样的实用器件,为人类所用。

如下图所示,可以把那些纳米零件放进一个烧杯里,经化学家轻轻地搅拌几下,一个纳米产品就这样神奇地诞生了,而且组装排列得非常整齐。这不是科学幻想,而是化学家要将它变成科学的现实。

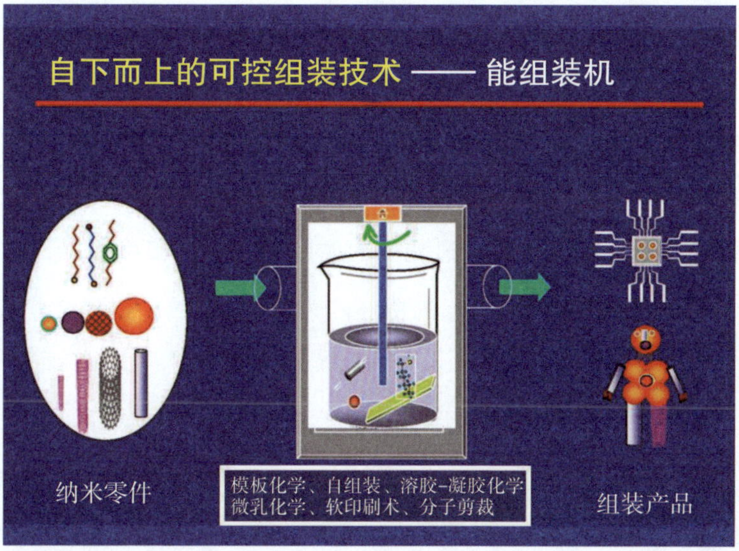

四 选择了化学，就是选择了未来

通过化学，我们不仅能够创造新的物质，还能够创造新的合成方法，这才是取之不竭的宝库。化学关键在于创造控制一类反应，而不只是一个。酸和脂在酸性或者碱性条件下可以发生酯化反应，知道这样一类反应之后，无论是乙酸乙酯还是丙酸乙酯都可以进行这类反应，从而产生新的物质。在化工领域，有一个合成法运用得非常普遍，就是水热合成法。三嵌段共聚物易溶于水，如果我们将碱加入三嵌段共聚物溶液中，是不是就可以创造出高分子了呢？事实证明，确实如此。有了这样的化学变化过程，我们就可以完整地了解整个化学原理到底是怎样的，化学变化到底是怎么发生的。这就是化学学科中的基础研究。在基础研究之上，我们就可以进行化学原理在生产上的应用。通过化学原理生成对工业化帮助极大的新材料，新材料通过大规模生产，可以投入运用到工业上，从而促进工业化的发展。

发展化学工业最大的意义在于，现在无法实现或生产的东西，通过化学，将来完全有可能变成现实。因此，作为化学家，要承担起发展和建设化学的重任。学习化学知识并不是为了应付简单的考试，关键在于培养创造力，在于怎样把学过的知识真正运用起来。对化学家而言，创新非常重要。根据国家和社会的需要，在能源发展、资源开发等领域，通过化学的作用进行创新和革命，给中国经济带来飞跃的发展，这是化学家应该承担的重任。为此，我建议中国的化学家要承担起以下责任：

一要挑战自身的原始创新能力。面对快速发展的化学学科，以及不断涌现的新兴学科，从理论、方法、单分子、分子、超分子、纳米等各种尺度上探索更广泛的基本规律。

二要挑战自身的创造力。面对有限的资源能源、环境等社会可持续发展的问题，提出绿色、高效、智能的解决方案，开发变革性的技术，开展一场绿色革命，使得中国的化学与化工产生革命性的变化，实现化学化工的转型。

三要勇于承担社会责任。化学不是“有害”的同义词，在一些食品当中加入有害的物质，比如三聚氰胺，那是因为有些人在食品安全上缺失应有的良心，导致食品安全成了社会问题。作为化学家，要承担起社会的责任，要宣传化学，引导公众关注化学，了解化学，用科学与标准来正确引导社会生产更加绿色、安全的化学品，从而创造我们更加美好的生活和未来。

科学幻想如何映照现实

主讲人介绍

尹传红，中国科普作家协会常务副秘书长。

幻想是人类的天性，作为一种独有的思维方式，对于人类社会的发展和进步，有着难以估量的巨大作用，并且一直在影响和改变着我们的生活。

一 幻想，人类的天性

人类一直都在幻想美好未来，古代神话就是古人科学幻想的记载，反映了远古人类的生存活动以及与自然的顽强斗争。比如盘古创世、夸父追日、女娲补天、精卫填海、大禹治水等神话，就是我国古代劳动人民要战天斗地改善生存环境的科学幻想。

前两年我写了一本书就叫《幻想》，书中描述的内容包括了很多我小时候思考的问题，很多问题至今仍然没有答案。1979年的春天，我读到叶永烈写的《小灵通漫游未来》，心潮澎湃，对未来充满期待，同时也对科幻小说产生了浓厚的兴趣。随后，我又从《少年科学》等杂志上读到叶老师写的其他科普、科幻作品，对他十分钦佩和仰慕。

在这些科幻小说中，各种高科技发明比比皆是：原子能做动力的气垫船、能在海上飞行的水翼船、微型半导体电视电话机、电视手表、靠气流推进的无轮飘行车、家用机器人、人造器官、塑料钢、人造大米、人造蛋白质、钢化瓷器、有气味的环幕立体电影、白昼电影、写话机、消云剂与降雨剂、人造叶绿素、鸡蛋大的葡萄、无土培植……

这些当时的科学幻想，到今天有许多都已经成为现实。叶永烈笔下的飘行车，也已被美国飞行器制造商特拉弗吉亚公司所证实，世界首款飞行汽车——Transition飞行车预计在2016年面世。

以往有关机器人的科幻作品大都描绘出这样一幅图景：人们制造机器人本意是想让人从繁重的体力劳动和令人生厌的工作中解脱出来，可是，一旦脱离了人的控制，机器人竟变成了人的敌人，反过来伤害人类。这样的臆测表现了人们在迎接机器人时代到来的同时，对前景的迷惘与忧虑。对此，有着"通才"之誉的世界科普巨匠和科幻小说大师艾萨克·阿西莫夫却不这么看，他认为机器人终究不过是机器，只要在建造时采取合理的安全保障措施，那么安全就能够得到保障。阿西莫夫通过"机器人三法则"的相互作用，构思出一系列情节紧张、妙趣横生的短篇小说，把他的每一个机器人故事中的主角推入进退维谷的境地。

实际上，阿西莫夫首次使用了"机器人学"这个词。如今，"机器人学"已成了广为人知的术语，指的是关于设计、建造、维护和使用机器人方面的一切科学与工艺学。阿西莫夫甚至被誉为"机器人之父"或者"机器人学之父"。

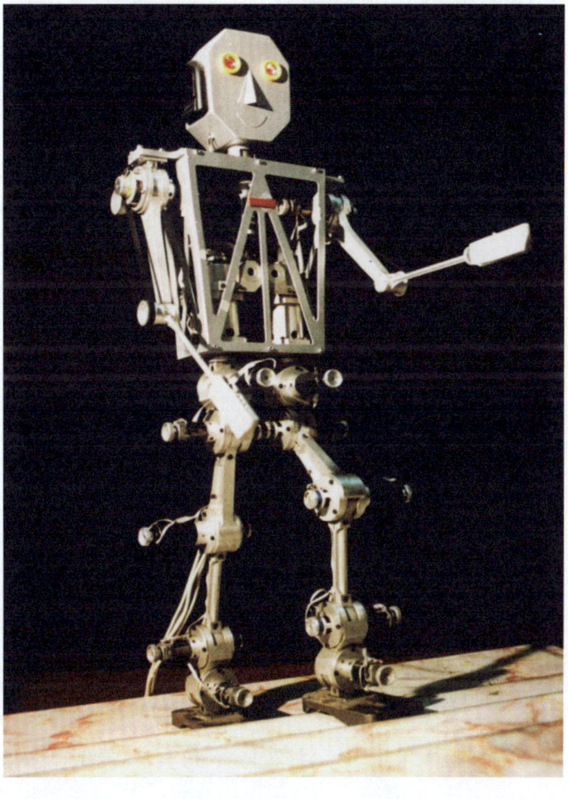

由我国独立研制的第一台具有人类外观特征、可以模拟人类行走与基本操作功能的类人型机器人，于2000年12月初在长沙国防科技大学首次亮相。

二 月亮的启示

月球，是离地球最近的天体，相隔约38万千米，成了地球的天然卫星。自古以来，月球对人类充满着浪漫的诱惑力，蒙着一层神秘的面纱。

1972年从湖南长沙马王堆汉代古墓中出土的帛画局部——“嫦娥奔月”，距今已有2100多年，说明那个时候人们就向往月球，希望有一天能到月球上游玩、生活、定居。在国外也有月球方面的传说，古希腊神话传说中的月神阿尔特弥斯的化身塞勒涅(即罗马神话中的狄安娜)爱上了英俊的牧羊少年恩底弥思，令塞勒涅感到忧伤的是，神赋予恩底弥思永恒的青春，同时也让他长眠不醒。

除了昼夜更替、日出日落，月球由西向东的自行和月相的循环往复应该是最先吸引原始人眼球的天文现象了。这大概也是人类最早认识的天象和对“轮回”最初的直观认识，它们成了时间测量和历法建立的基础，也成了人们思考自身和宇宙万物生存模式的一个参照。

据此来看，天文学的产生很可能是出于实际的需要，人们从记录月相变化的过程中渐渐摸索出了历法；而这一活动又激励和驱使人类进一步研究天文，对各种自然现象作更为细致的观测，并终于使科学发展起来。

科学首先是“对自然有序而有系统的理解、描述和(或)解释”，其次是“进行这项工作所需要的工具”，包括逻辑和数学。古希腊智者的思考有两个重要特点：第一个特点是自然的发现，第二个特点则是理性的批判与辩论活动。

人们常说科学起源于希腊。确实，距今大约2200年前，古希腊先贤就提出了测量月球和太阳大小的方法，估算出月球与地球的距离。16世纪制作的两个木刻，显示了亚里士多德对地球形状所给出的论证：月食时地球投在月面上的阴影总是圆形的，这表明大地是球形的，而不是三角形等形体。

1609年的秋天，意大利天文学家和物理学家伽利略发明了人类历史上第一台天文望远镜，并将镜头对准了月球，这是人类首次对月面进行科学观测。伽利略对月球的观察结果表明，月球表面上有明暗交错的斑点，有参差起伏的山脉，这跟传统观念大相径庭。人们开始意识到，仅仅依靠自身的感觉或者积累的常识和经验来了解世界、判断事情已经远远不够了。由于认识的局限和观测手段的落后，在相当长的一个时期里，人们对天体不甚了解，甚至还心怀恐惧：总以为天上的星辰是一些具有无上威力的神灵，可以赐福或降祸于人间。于是，许多天体便跟人们的命运“联系”起来了；而异常的天象，特别是月食与日食，往往又被视为恶魔作怪和灾祸的预兆。

时至19世纪初，尽管人们对月球大体已经有了一些了解，但仍然很难想象那是一个死寂的星球。许多人（包括一些天文学家）相信月球上存在智慧生命。

中国较早出现的科学幻想小说也跟月球相关。1904年，荒江钓叟发表了《月球殖民地》，是大约13万字的长篇章回体小说，刊登在清朝末年重要的文学杂志《绣像小说》上，共35回，还配有精美的插图（绣像）。

今天，虽然科技发展已经大大增进了人类对宇宙万物的了解，使月球“失色”不少，但是，有关月球的种种幻想、假说和臆测所蕴涵的价值，以及它们在激发人类活力和创造力方面的贡献，却令人难忘。而一些以月球旅行或探月为主题的科幻作品，确曾在一定程度上对相关科技的发展起到了先导作用，并为人们所津津乐道。

比如1865年，法国科幻作家儒勒·凡尔纳发表《从地球到月球》，描述美国人异想天开地造出一门巨型大炮，用来向月球发射载人炮弹，以实现飞往月球的梦想。1969年，美国“阿波罗11号”飞船登月成功之后，有人将这次科学探索与凡尔纳的这部幻想小说进行了对比，发现了惊人的相似之处：“阿波罗11号”飞船上有3名宇航员，小说中乘炮弹上天的也是3个人；“阿波罗11号”飞船的航速是35533米/秒，而小说中载人炮弹的航速为36000米/秒；“阿波罗11号”飞船登月用了103小时30分，而小说中的载人炮弹到达月球用了97小时13分，仅仅相差6小时。此外，小说中描写的发射基地和现代美国发射导弹和宇宙飞船的实验场地卡纳维拉尔角相距不远，都在美国的佛罗里达州。把举世瞩目的登月壮举安排在美国进行，并且让美国人担当“实验”的发起者和领导者的重任，则充分显示了凡尔纳对时代和社会的深刻洞察力。

凡尔纳的“科学小说”，总是充盈着丰富的知识和自然科学方面的预言与假设。它们激励或启发了许多杰出的科学家、发明家和探险家，这当中包括：齐奥尔科夫斯基（宇航先驱者之一）、罗伯特·哈金斯·戈达德（设计并建造了第一枚液态燃料火箭的“火箭之父”）、尤里·阿列克谢耶维奇·加加林（第一位进入太空的宇航员）、尼尔·奥尔登·阿姆斯特朗（第一位在月球上行走的宇航员）等。

在《从地球到月球》问世36年后的1901年，英国著名科幻作家赫伯特·乔治·威尔斯发表了《登月先锋》，其风格和内容与凡尔纳的月球旅行作品迥然不同。在威尔斯笔下，月球人有不同的类型和分工：作为数学家的月球人脑袋不断长大，而肢体却在萎缩；负责奔跑送信的月球人有一条像蜘蛛一般的长腿；当警察的月球人则身强力壮。

1902年，法国导演乔治·梅里爱根据凡尔纳的《从地球到月球》和威尔斯的《登月先锋》自编、自导了一部16分钟的电影——《月球旅行记》。《月球旅行记》被认为是第一部具有里程碑意义的科幻电影，它将凡尔纳与威尔斯关于月球的想象融为一体，并利用奇妙多变的电影特技，获得了很好的效果。

1950年，美国导演乔治·帕尔与科幻作家罗伯特·海因莱因合作，根据后者1947年出版的科幻小说《伽利略号火箭飞船》，改编拍摄了电影《目的地月球》。在这部场面壮观、充满特殊效果的影片中，观众破天荒地看到了极为逼真的月球旅行。在观众眼里，登月之梦越来越近了。

就在加加林首次进入太空之后不到两个月，1961年5月25日，美国总统肯尼迪在国会上提出了要在20世纪60年代末把人送到月球上的“阿波罗月球探测计划”。1962年9月12日，肯尼迪在得克萨斯州的一所大学发表演讲时称：“我们选择到月球去！我们选择了这10年到月球去并做其他一些事情，并不是因为它容易，而是因为它艰难。因为这个目标可以组织起和度量出我们最好的力量与技术。因为这是我们愿意接受的挑战，是我们不愿意推迟的挑战，是我们一定要赢的挑战。”

阿姆斯特朗是登月第一人。登月时他39岁，此前是一名优秀的喷气式飞机驾驶员，具有超群的飞行技能。他还曾创造过飞行高度和速度纪录。登上月球的阿姆斯特朗激动万分，他通过无线电让全世界的人们都听到了那句注定要流芳千古的话：“对一个人来说，这只是一小步；可对人类而言，这却是巨人的一跃！”

在阿姆斯特朗走下登月小梯19分钟后，奥尔德林也跟了上来。当他走到月面上时，张口赞叹道：“多么美丽、多么壮观的荒凉！”

人类踏足月球，标志着人类从此进入了一个新的时代。

三 樱桃树上的梦想

1899年10月19日，一个美丽的秋日下午，美国马萨诸塞州的伍斯特，因病休学在家的罗伯特·哈金斯·戈达德爬上了他家储藏室后面的一棵樱桃树。干完修剪枯枝的活后，戈达德悠闲地欣赏着大自然展现在他面前的美景，又一次回想起前不久看过的威尔斯的科幻小说《星际战争》，脑海里突然闪现出一个新奇的念头：如果能够发明某种可以远征火星的机械装置，该有多好！这个17岁的大孩子顿时陶醉在自己的美妙幻想之中。他魂牵梦萦一生的事业，也就从这里开始了。

戈达德从小就爱阅读有关太空旅行的图书，而真正启发他全心思考太空旅行可能性的正是凡尔纳的《从地球到月球》、威尔斯的《登月先锋》等科学幻想作品。这些科幻作品不但激发了戈达德的想象力，而且也使这个病恹恹的大孩子明确了为实现太空旅行而奋斗的远大目标。在高中学习期间，戈达德一直在思考太空飞行的实现方法问题，并记下了不时涌现在脑海里的一些新思想。大学毕业以后从事教学期间，戈达德仍钟情于他的火箭研究。在那些岁月里，常常让他感到苦恼的是科研资金的匮乏和得不到人们的理解与信任，一些报刊和专业人士还发表文章批评或挖苦他。其实早在1920年，戈达德就成了“名人”，并不是因为他的成就为人们所承认、仰慕，而是因为他绰号为“月球火箭狂”的一些“古怪念头”和作为。在很多时候，戈达德的日子实际上很不好过。当他希望讨论飞往火星的宇宙飞船时，却被人们视为异端奇说而遭劝阻；他提出的一些有关月球探索的设想和建议，也被看做是无稽之谈，遭到讥讽。当戈达德的一篇重要论文、如今已被视为太空科学经典文献的《一种到达极限高度的方法》发表后，《波士顿报》刊出的报道语含讥讽地给出了这样的标题：“现代儒勒·凡尔纳发明月球火箭”。《纽约时报》则于1920年1月13日刊出一篇评论，挖苦他连中学课程的知识都没有。在这样的氛围之下，一些报纸开始质疑戈达德的学术水平，还有媒体指责他出于个人目的，故意扭曲科学真理，甚至一位当红女影星也拿他寻开心，请戈达德在第一次乘火箭飞赴月球途中给她发个信息。因此变得“臭名昭著”的戈达德痛心疾首，他讲过这样一番话：从那一天起，整个事件都得出了结论，在公众的心目中如此，在“月球火箭”这些字眼上也是如此，从而出现了这样一种情况，即在努力平息舆论方面，我所花费的笔墨口舌，比起我所要讨论的运载到火星去的宇宙飞船的论述还要多得多，而这种论述大概也会被有代表性的报刊认为是无稽之谈。以我们今天的见识和眼光，自然很难想象或理解那时人们的思维和判断。戈达德似有先见之明，早就说出了这层意思：“每一个远见在第一个人实现它以前，都是一个笑话；而一经实现，它就变成理所当然的事情了。”

1932年4月19日，戈达德研制的第一枚装有陀螺仪稳定器的火箭，在经过短暂的飞行后转向地面坠毁。他颇有些失望，但并不气馁。第二天，百感交集的戈达德似乎有些什么东西想要表达，于是他便给威尔斯写了封信。在信中，他述说了《星际战争》这部科幻小说对他的事业产生的巨大影响，并表达了自己对威尔斯的感激之情：“我发觉最重要的是您的乐观主义。当人们因默想人与自然众多挫折而引发抑郁时，它是最好的纾解剂。我不知道我还能有多少时间要花在这个问题的解决上，不过我希望有生之年都能在这个问题上努力。”

尽管戈达德在火箭和太空科学研究领域的贡献是如此之大，但他生前却不为政府和军方所重视，也没有齐奥尔科夫斯基那么幸运。他没能活着看到火箭天文学和高空气象学初显的曙光，更不用说看到火箭飞往月球或其他行星的壮举了。1938年下半年，戈达德接房客来信获悉，一场飓风吹倒了他老家那棵苍老的樱桃树。当天他在日记中伤心地写道：“樱桃树倒了，现在只有我自己一个人了。”

最终，在著名飞行家、人类航空史上的先驱查尔斯·林白（1902—1974）的协调下，戈达德获得了古根海姆航空学振兴基金会的巨款支持。20世纪20至40年代，戈达德在理论上的深刻见解和在实践上的创新，已经基本解决了火箭的所有技术障碍。很多年后，林白回忆说：1929年，坐在戈达德位于伍斯特的家里，我倾听他描绘未来发展火箭的想法——有些是实际上可行的，有些是未来终会实现的。在戈达德几乎是孤军奋战研制火箭的同时，德国组织了一大班人马紧锣密鼓地研制“复仇使者”——V-1和V-2火箭，它们成了有史以来人类所发射过的体积最大、飞得最高的武器。戈达德一直怀疑他的研究成果被德国人剽窃了。“二战”结束后，德国的一些军事专家被带往美国。当一名德国空军的将军在提审并被问到火箭技术方面的问题时，他很惊讶地说道：“为什么不去问问你们自己的戈达德博士呢？”但是永远没有这样的机会了，此前不久的1945年夏天，戈达德因患癌症离开了人世。而他实际上是在去世数年以后才真正为人们所认识和看重，并获得极高的荣誉。

1961年3月16日，罗伯特·戈达德空间飞行中心落成。这意味着戈达德的研究作为全部火箭技术的基础地位最终得到了承认。在中心的落成典礼上，埃丝特·戈达德代她16年前逝去的丈夫，接受了被追授的国会荣誉勋章。勋章的背面，镌刻着戈达德高中毕业时的一句演说词：昨天的梦想，就是今天的希望和明天的现实。

四 更广阔的空间

中世纪的《圣经》中有一幅插画：先驱亚伯拉罕之子雅各夜梦天梯。建一道扶梯直达天穹，可以说是人类最古老的梦想之一。

有关“登天”的科幻作品当中，阿瑟·克拉克于1978年出版的《天堂的喷泉》是影响最大的一部。小说主要讲述了从位于赤道上空36000千米高处的同步空间站上，可以将一条缆索放到地面。通过这条缆索，人们将可以乘坐特殊的缆车或升降机进入宇宙空间。这种思想实际上是由苏联的一位工程师尤里·阿尔楚丹诺

夫在20世纪60年代初最先提出来的。后来，不少人在事先并不知道这一信息的情况下也陆续产生了这种设想，并在事后惊讶地获悉阿尔楚丹诺夫已经在这方面走在了他们的前面。苏联宇航员阿列克谢·列昂诺夫与人合作编纂并于1967年出版的画集《等着我们，星星！》中写道："卫星仿佛一动不动地悬在空中，而且永远是在一个定点上。如果从卫星上放下一条缆索直到地面，那么，在地球与天空之间就有了一条索道。那时，人们将可以建造客货两用的'地球—卫星—地球'升降机，它完全不需要用火箭发动机来推进。"曾有人问克拉克，需要多长时间才能实现"太空梯"这个梦想，克拉克回答："在人们停止嘲笑之后的50年。"如今，小说中的"太空升降机"或者说"太空梯"的设想，正一步步向现实迈进。就目前的研制情况看，太空梯耗资巨大，没有经济效益可言。不过，科学家认为，一旦所有的问题得以解决，收获将是非常巨大的。

1999年，美国国家航空航天局马歇尔中心的先进办公室发表《天梯：太空的先进基础设施》一文，标志着天梯将从幻想走向现实。2005年3月23日，美国国家航空航天局正式宣布太空梯已成为世纪挑战的首选项目。同年9月20日，美国一家公司成功地进行了机械爬升器试验。

2004年4月，俄罗斯萨马拉航空航天大学表示，该大学正在研制能从国际空间站向地球空投货物的太空梯，这是应欧洲航天局的要求而进行的。

美国科学家构想中的太空梯要通过纳米管制成的缆线攀缘而上，纳米管的材质比钢铁坚硬许多倍，管子直径约1米，管壁厚度比纸还薄。此外，太空梯要抵御的灾难也不少：闪电和风云雨雪的冲击，穿越电离层的考验，小行星、彗星、流星的突袭，原子氧和高层大气中的硫酸对缆绳的侵蚀以及卫星、太空碎片的碰撞，还有敌对势力的人为破坏……克拉克既有作家善于幻想的浪漫情怀，又有科学家严密的思维方式，他另外几部优秀的太空科幻小说也极富科学预见意义。比如，以太阳光能利用为题材的科幻作品《太阳帆船》，创作于20世纪60年代，该小说发表后曾引起美国国家航空航天局的注意，并因此而关注这一领域的研究。

不过，利用太阳光能遨游宇宙的想法，最早可追溯到17世纪。德国著名天文学家、行星运动定律的提出者约翰内斯·开普勒曾设想：无须携带任何能源，只要依靠太阳光能就可使宇宙帆船驰骋太空。20世纪初，有几位科幻作家曾描写过用镜面反射阳光推动宇宙飞船的故事。1924年，宇航先驱齐奥尔科夫斯基及苏联第一个宇航工程师弗里德里希·灿德尔明确提出：可以“用照到很薄的巨大反射镜上的阳光所产生的推力来获得宇宙速度”。后者提出“太阳帆”是一种包在硬质塑料上的超薄金属帆。20世纪50年代末，美国物理学家理查德·伽尔文首先发表了技术性论文讨论太阳帆船的思想。据知，克拉克就是运用它写出了《太阳帆船》。

再回到1945年，正在英国军队从事雷达技术工作、年仅28岁的克拉克，在一本期刊上发表了一篇具有历史意义的科学设想论文《地球外的中继——卫星能给出全球范围的无线电覆盖吗》。文中首先从当时的通信情况出发，分析了实现全球范围的全天候通信和电视广播的必要性，继而提出了卫星通信的可行性，如果人工发射卫星到地球轨道上，就可以将它作为接收和反射地面信号的中间站，实现远距离通信和跨海通信。为此克拉克建议:采用三颗相互等距离间隔的同步卫星,组成除两极以外的全球通信网,并提出了可以利用卫星同时向几个地区转播广播节目的设想。

几十年后,这位全球卫星通信理论的奠定人,成了当今最著名的太空题材科幻作家。据说,至今世界各大卫星通信公司每年都要向克拉克支付数美元或数美分的象征性红利,因为他的设想功勋卓著。但克拉克当时并未为这一技术理论申请专利。他曾在一篇题为《通信卫星简史——我是如何在太空中失去10亿美元的》的文章中对此进行了具体的回顾。

关于卫星,还有一个耐人寻味的故事。1954年,克拉克应美国纽约海登天文馆之邀,组织第三次太空旅行研讨会。他认为研讨会上应有一篇有关卫星对气象学作用的文章,于是便写信给美国气象局的首席专家哈里·维克斯勒博士,请他写一篇相关论文。不料,维克斯勒答复说,他认为卫星对气象学毫无价值(当时不少科学家也对卫星的应用价值持怀疑态度)。克拉克又给他写信,回击说:"这样的话,你就有责任向公众解释为什么太空研究被你说得一钱不值,因为数年来,我们一直说卫星将改变你的学科。"维克斯勒是一个极守信用的人,他爽快地接受了克拉克的挑战。但是,用克拉克的话来说,"就在他准备他的反驳文章时,他变成了一个狂热的太空爱好者,并在短短几年后领导了美国的气象卫星计划,由此开创了气象学的一个新的分支"。

1961年7月10日,美国发射了第一颗商业通信卫星"电星1号"。美国与英法两国首次通过"电星1号"成功进行了电视中继转播、照片传真和电话通信试验。

四 幻想与现实的思考

伴随着科学探索的进程所萌生的科学幻想作品,从诞生伊始便是创新思维的原动力之一。在现代科学出现之后，科学与幻想更是呈现出一种互动互促的关系，并以一种特殊的方式跟文学结合在一起，从而成就了科学幻想这一崭新的文学类型。

自20世纪以来，科学与科学幻想作品两者之间的双向交流与渗透日趋深入。科学幻想作品提出思想，激励着科学家解决现实世界中的问题。科学家把这些思想纳入自己的理论中，进行深入探究，把今天的科学幻想变成明天的科学现实。或许可以这样说，科幻作品以其超前的眼光、多元的探究和深层的发掘，对科学技术的发展所引起的变革予以大胆预测，并对科学技术所带来的负面效应做出了超越时代的预见。尽管科学幻想作品对科技的预测和反思并不是那么严谨和系统，但要比单纯的学术研究具有更强的感染力和震撼力。从这个意义上讲，科学幻想作品有其独到的价值。

同时，世界存在各种可能性。科学幻想作品被认为是略微超前并且看到了这些可能性的“超科学”，它突破了常规科学方法的禁锢，提供了一种在不同环境下探讨当代问题的可能性。科学幻想作品是在创造一种替代性的历史或情境，也是一种探究各种可能形态的“思想实验”，更是一种瞻望未来图景、启迪创新思维、开阔思路视野、系念明天生活的文学。这里所要展现的，就是这样一种生机无限的文学孕育、发展的轨迹，以及它引领人们探索未知世界的奇妙旅程。

3D打印技术详解

主讲人介绍

徐志磊，中国工程院院士，中国工程物理研究院专家委员会委员、研究员。

3D打印技术在20年前就已经存在，计算机技术与网络技术使得快速成型技术得到了发展。3D打印是第三次工业革命的内容之一，也是未来发展的方向。3D打印是从虚拟到现实的理想捷径，它刺激想象、激发创新。有人甚至想象，有了3D打印，未来宇宙飞船零件坏了，在太空里也能随时打印一个替换。

一 3D打印技术的背景

3D打印又称为增材制造(AM),它是一种颠覆性技术。3D打印的制造技术跟传统的制造技术完全不一样。人类制造的发展史是从石器时代到青铜时代,再到铁器时代,直至近代的蒸气时代、电气时代,还有信息时代。现在材料制造进入纳米时代,而最近30年是硅材料时代。

将材料熔化后制造成毛坯,再用工具进行雕刻,留下需要的部分,这是传统的制造技术。现在的增材制造技术,是把材料变成一种粉末或者液体,然后在计算机的控制下留下所需要的部分,不需要的部分又重新回炉,这种技术不损失原材料。

二 3D打印技术原理

2D打印技术作用于纸张打印,打印出来的是平面图像,而不是立体的。想要从平面图像变成立体图像就需要3D打印技术去完成,它可以制造出一些我们需要的零件、产品以及立体的几何图形。

完成3D打印首先要在计算机里设计出产品的3D模型,完成设计之后由计算机来对其进行分层,类似CT扫描。然后在3D打印机上把每一层的图像用激光或者其他技术制作出来,每一层对应一个图像,多个层面叠到一起,最后变成一个立体的物品。可见3D打印技术是在2D打印技术的基础上进行物体立体化的过程。

3D打印机也可以利用计算机控制的一个喷头喷出一个零件来。

三 3D打印技术的发展历程

在1980年到1990年期间，有一个叫霍尔的美国人，他提出快速成型(RP)技术。到现在已经发展出了很多快速成型的方法，有立体光刻、光固化，还有选区激光烧结等。2009年，美国材料与试验协会(ASTM)成立了一个分层制造分委员会，开发各种各样的3D打印技术。2010年以后，3D打印技术得到了更广泛的应用，特别是在航空工业、生物医学、个性化消费品、家用电器、塑料模具再制造等领域。

3D打印技术还有一个新兴发展，即金属零件打印和利用微光学制作非常精细的产品，比如制作金银首饰；还可使用很多其他材料，比如陶瓷材料以及一些核心材料，用于制作有需求的产品，这些都有很大的发展前景。3D打印技术的工艺流程是：①在计算机建模里面设计一种构思；②在计算机里进行三维建模，再对模型分层；③分层以后用计算机做反层，并运用扫描的途径让计算机规划好，这样就能快速制作出产品。就目前的技术而言,做出来的产品可能还需要后处理,比如打磨和抛光。

四 3D打印技术的优势

传统制造需要二维图纸,也有做成三维CAD模型,根据图纸,并用工具、模具对材料铸造、锻造、切割,再经过车、铣、刨、焊接等过程制造出一个产品,过程较复杂。如果使用3D打印技术就简单多了,既不需要模具,也不需要复杂的封装设备。所以,从工艺流程上来看,3D打印技术非常有优势。

除了工艺流程上的优势,3D打印的最大特点就是速度快。3D打印技术生产流程比较短,成本比较低,不需要模具,过程很简单。而3D打印机的材料就是一种粉末材料或者液体材料,这种材料可能跟你要做的东西毫无关系,却直接能够把零件做出来。3D打印的另一个优势是柔性化。柔性化是指3D打印可以适应各种情况,能够制作出任何需要的物品。最后,3D打印技术还是一个绿色制造的过程,它是用粉末或者液体把产品打印出来,多余的材料又回流变成原材料,因此这个过程是绿色节能降耗的。

五 3D打印的典型技术

第一种是立体光固化成型法(SLA)技术。这种打印机下面是一个工作台,工作台里的零件是一层一层的,材料是液体。一层一层地扫,扫一层固化一层,剩余没有固化的材料就会回流到原处。

第二种是选择性激光熔融技术。比如制作一个茶杯,首先做出一个毛坯,然后在激光束的热作用下，烧结成一个物品。使用这种技术做零件，它的优点就是致密性、精度达到很高的水平。之后还需要一定的后处理技术，如压平或表面光滑处理，最终目标是做出来的零件密度符合真实产品的材料密度。

第三种技术是熔融沉积的方法。比如一个金属经过液化以后喷出来，在一个模具里面不断地烧制，这种技术就叫熔融沉积制造（FDM）。

第四种技术叫作分层实体制造。分层实体制造的速度比较快，强度比较高，但是精度比较低，后处理比较复杂。它是把需要做的东西做成一个整体，再用激光在上面烧出图形，一层一层来制作。

第五种是三维打印技术。

第六种是激光工程化净成形技术。

第七种技术是电子束熔融。电子束产生的能量直接熔化材料，它一定要在真空的状态下加工，所以成品密度比较高，强度也比较高，相对而言成本也高，可以使用任意金属材料。

六 3D打印技术的应用

3D打印技术大体上有下面几类应用：

第一种是快速打印产品的原型或者模型，也是目前具备实用意义的。使用任何一种塑料做模型，把它翻模后就可以制造大量产品。

第二种是直接用塑料打印出工程零件。

第三种是翻模后用金属的粉末直接打印出产品。

第四种是医用。例如人的骨头，甚至于皮肤、肌肉，都有可能用3D打印技术来制作，尤其是骨头、牙齿的应用相对比较成熟，已经有现成的产品，而且做出来的产品跟人体有一定的相融性，这样的骨头、牙齿植入人体后就不需要再拿掉。

每个人的骨头的结构形状是完全不一样的，首先用CT扫描、三维扫描把结构扫出来，再用塑料做成一个代替的骨头，或者代替牙齿的某些结构等。此外，使用蜡模制作首饰也非常合适。

第五种是在军事领域、航空领域里，武器、飞机上的零件、发动机里的某些零件和阀门，以及飞机叶片里某些金属的钛合金构件，都可以用3D打印技术制作出来。

第六种是为注塑模具快速打印冷却通道。一个注塑模具本身是金属的，靠塑料一个一个压出来，而注塑模具由于管道内的温度原因，寿命比较低。3D打印技术就在这个模具的里面做一个内腔，然后把装冷却液的管道送到模具里面，这样会使整个注塑模具寿命提高很多倍，不太容易损坏。

第七种是在汽车领域用于车门、踏板的造型设计。先用计算机模板设计图样，打个初样出来，设计师研究需要改进的部分，然后用计算软件修改，很快就能做出需要的汽车模型。在汽车制造领域里，很多汽车零件都可以直接打印，比如方向盘直接用塑料零件打印出来，还有过滤器、汽缸里的很多零件都能打印制作出来。德国奥迪、宝马公司里的3D打印机很多，就是为了打印某些汽车零件。

第八种是在文化领域用于个性化设计和文物保护。比如灯具，什么式样都可以打印出来，这样的个性化设计在文化创新领域里可以极大地发挥个人的才智，只要家里有软件就可以打印，很方便。在文物保护领域，可以把珍贵的文物扫描后存储在计算机里。一个文物到若干年后肯定会损坏，那么根据存储在计算机的数据就可以打印出来。可以说，只要想得到就能做得出来，能够无限发展人类的思想空间，3D打印就是满足创新发展的有力工具。美国总统奥巴马计划为美国1000所学校配备3D打印设备，每所中小学配备一台，让学生自主创新。这样学生们就能够把脑袋里想象的东西变成计算机里面的CAD图形，然后用3D打印机打出实物，这就是3D打印迅速变火的一个原因。

第九种是设备维修，即再生产的过程。如果用3D打印技术制造一台机器，每个零件都在计算机里留存档案，其中一个零件坏了，只需要从计算机里直接调出来打印就可以了。航天飞行时某些零件出现问题，从地面上运送过去很困难，如果有一台3D打印机，很快就能把需要的零件打印出来。虽然现在做出来的零件还比较粗糙，不太令人满意，但是我们看到了一个发展方向，将来人类的整个材料制造前景是无限的。

还有特殊合金成型在国防方面的应用。特殊材料粉末的应用有很多例子，如飞机上用的钛合金、镁合金、钒合金等材料。还有很多研究的领域，如工程材料中的记忆合金、阻尼合金，这些很难生产的部件都可以使用3D打印技术制作成一个很复杂的结构。

此外，我们可以用3D打印技术打出一种全新的材料，这种材料如果不靠3D打印技术是不可能制造出来的。还有一种就是高性能材料的快速成型技术，可应用于飞机零件。

七 3D打印技术的挑战

3D打印技术的第一个挑战是精度和效率，现在能够掌握的3D打印技术精度比较低，还不能精确到微米，国内的3D打印技术精度大体在0.1毫米的水平，如果进一步做到0.05毫米，甚至做到50纳米，就会跟现在国际上的3D打印水平相当。如果做到10纳米以下，将来就可以打印出很多东西，包括细胞，这是未来的发展方向。另外效率也是个问题，一个零件要打得很精密，必须要一层一层切得很细才能精密，但是切得很细时间消耗就很大，所以这是矛盾所在。

第二个挑战是力学性能，因为打印出来是烧结的过程、全熔化的过程，对于真正全面达到材料性能的要求还有一定的距离。现在有很多办法靠后处理来解决。比如把打印好的东西压结实，里面的密度等于原始密度，材料的强度和抗疲劳性能会提高。

第三个挑战就是打印塑料零件。金属零件正在努力发展，还有更多的零件，比如说陶瓷，还需要进一步发展。

另外，3D打印过程中间工艺的稳定性也是一个挑战，中间工艺需要一边烧结一边控制温度，避免收缩，这些都是现在工艺上的一些难点。

八 总结

综上所述，3D打印可以分为三个层次：形状打印、成分打印和功能打印。目前的形状打印，就是做出立体的三维几何形状。成分打印也有一些基础研究，比如把两种不同的材料复合在一起。功能打印是把功能性的材料如记忆合金或者复合材料打印出来，目前还处在研究阶段。如果功能打印能够实现，那么可以直接打印出跟人一样的机器人，甚至可以做出一些代替人类器官的零件出来。

随着太空开发和探索的进行，3D打印技术已经不限于地球，也可以到外太空打印。美国国家航空航天局用3D打印技术给宇航员做食物。另外，在月球上面用3D打印技术也许能打印出我们居住的房屋。

现在很多国家都在关注3D打印技术。由于这一技术刚刚起步，不是任何东西都能打印。比如框架可以打出来，整个发动机是打不出来的。

总之，3D打印技术孕育了一场新的工业革命，显著提高了人类对物质世界的控制能力，表现了一种人类的控制手段，而且将来会改变人类的文明进程。

航空母舰探秘

主讲人介绍

焦国力，空军大校，中国科普作家协会常务理事、副秘书长。

航空母舰，简称“航母”，是一种以舰载机为主要作战武器的大型水面舰艇，舰体通常拥有巨大的甲板和舰岛。

在所有作战武器中，航母有“四最”：最具争议的武器、保镖最多的武器、最昂贵的武器、最难驾驭的武器。时至今日，航母已是现代海军不可或缺的利器，也成了一个国家综合国力的象征。

一 最具争议的武器

航母是一种以舰载机为主要作战武器的大型水面舰艇，可以提供舰载机的起飞和降落。航母是人类历史上最具威胁的武器之一，也是可以为国家利益做出特殊贡献的“海上霸王”。

目前，以美国前总统名字命名的航母有“华盛顿”号、“罗斯福”号、“杜鲁门”号、“艾森豪威尔”号、“肯尼迪”号、“林肯”号、“里根”号和“布什”号。美国是世界上拥有航母最多的国家，因此美国一旦遇到危机，在任总统就会首先想到最具威胁性的武器——航母。

时至今日，在美国的国会中仍旧有人对建造航母的问题持反对意见，有人把航母形容成“海上不需要瞄准的活靶子”。

苏联曾经是一个航母大国，拥有“库兹涅佐夫”号、“基辅”号、“新罗西斯克”号、“戈尔什科夫”号等众多航母，也是唯一能与美国旗鼓相当的航母大国。但是，苏联的领导人赫鲁晓夫有一句著名的话：航母就是一个“漂浮在海上的活棺材”，意思是，航母本身的防卫能力很差，他很反对耗费巨资建造这样一个巨大的“活棺材”。两个超级大国领导人对航母截然相反的态度，使航母成为最有争议的武器。

二 保镖最多的武器

航母战斗群以航母为核心，集海军航空兵、水面舰艇和潜艇为一体，是空中、水面和水下作战力量高度联合的海空一体化机动作战部队。

通常一个航母战斗群的标准编成为：1艘现役航母、2艘导弹巡洋舰、2～4艘导弹驱逐舰、1～2艘驱逐舰、1～2艘护卫舰、2艘攻击型核潜艇和1艘供应舰。

美国海军航母战斗群有3种典型的编成：在低威胁区巡逻或显示武力时，一般使用以1艘航母为核心组成的战斗群（称为单航母战斗群），配有4艘防空型导弹巡洋舰、4艘反潜型导弹驱护舰和1～2艘攻击型核潜艇；在中等威胁区实施威慑、制止危机和参与低强度战争时，使用以2艘航母为核心组成的战斗群（双航母战斗群），配以8艘防空型导弹巡洋舰和驱逐舰、4艘反潜型驱护舰和2～4艘攻击型核潜艇；在高威胁区参与局部战争或大规模常规战争时，使用以3艘航母为核心组成的战斗群，配以9艘防空导弹巡洋舰和驱逐舰、14艘反潜型驱护舰和5～6艘攻击型核潜艇。根据任务，航母战斗群可和水面舰艇战斗群混合编成。如1987年美国海军为海湾商船护航，在阿拉伯海实施武力威慑时，用的就是这种编成。后来，美国海军典型的编成是以2艘航母为核心组成的双航母战斗群。

如此看来，航母无疑是“保镖”最多的武器了。除水面舰艇、水下潜艇“保镖”外，航母自身还配备庞大的战斗机群和众多的先进武器作为“保镖”。比如美国的“尼米兹”级核动力航母，大约有90架固定翼舰载机，包括18架F-18大黄蜂战斗攻击机、10架S-3A海贼反潜机、5架EA-6B徘徊者电子战飞机、5架E-2C鹰眼预警机、8架SH-3G/H海王直升机。

三 最昂贵的武器

航母的造价是多少呢？1967年下水的“尼米兹”号航母，它的造价是6.58亿美元；2003年服役的“里根”号航母，它的造价是45亿美元；2009年1月10日服役的“布什”号航母，它的造价是60亿美元；“福特”级航母的预算造价为81亿美元，而它的实际造价超出了150亿美元。法国“戴高乐”号航母的造价是138亿美元（中型航母）。“尼米兹”级航母全寿命期的费用需550亿美元，“福特”级航母全寿命期的费用预计至少2500亿美元。以上费用既不包括舰载机，也不包含护卫舰船。

这一系列翔实的数据，充分说明航母是世上最昂贵的武器。除昂贵的建造费用之外，航母还是一个完整的“社会”，维系这个“社会”的费用同样很昂贵。

航母战斗群的上空需要庞大的护卫机群，周围需要各种护卫舰艇，水下还要潜艇掩护，此项费用也是庞大的开支。

航母上有电视台、超市、健身房、邮局……维系那么齐全的设施，需要很多工作人员，而航母上的大多数人每天都要工作12小时，每周工作7天，只有在特殊的假日里才能休息。算算这笔费用也相当可观。

“尼米兹”级航母上建了一所拥有63个床位的医院，配有5名牙医、5名外科医生，还有3名不同宗教派别的牧师。

“里根”号航母的餐厅一天营业23小时，只关闭1小时用来打扫卫生。据官方统计，“里根”号航母满员时，每天要供应1.8万份餐点。而法国“戴高乐”号航母的面包师每天都在夜间制作早餐面包，3个面包师日夜轮流工作，每天要制作9000个面包。

由于在航母上服役的军人生活很枯燥，所以美国对航母上的食品供应是非常

丰富的，可以吃到的食物有千余种，包括23种饮料、近80种甜点、118种沙拉、114种三明治、近250种素菜以及近500种荤菜(含各种海鲜)。令人难以想象的是，在美国的航母上竟然还提供中国的鸡蛋卷和鸡蛋煎饼。

四 最难驾驭的武器

为什么说航母是最难驾驭的武器呢？主要体现在舰载机的起降难题上，也就是说航母的甲板长度有限，要做到保证战斗机顺利起飞非常困难。

通常航母甲板上的跑道长度只有300米，还分起飞跑道和降落跑道两个部分，因此，在航母上驾驶飞机起飞和降落非常难，对飞行员的素质要求也就非常高。那么怎样才能保证战斗机顺利起飞呢？目前，主要采用的是“弹射起飞”“滑跃起飞”和“垂直起飞”三种形式。

1. 弹射起飞

目前，航母使用最多的弹射起飞的装置是蒸汽弹射装置。蒸汽弹射器是航母上的飞机起飞装置，一般通过核动力装置产生的蒸汽推动飞机短距起飞。蒸汽弹射器是一个非常复杂的系统工程，由起飞系统、蒸汽系统、归位系统、液压系统、预力系统、润滑系统、控制系统等组成。起飞时由一个蒸汽驱动的弹射装置带动飞机在2秒钟内达到起飞速度。蒸汽弹射有两种弹射方式，一种是前轮弹射，由美国海军于1964年试验成功，弹射时由滑块直接拉着飞机前轮起飞，这样不用8～10人来为飞机挂拖索和减拖索了，弹射时间减短，飞机安全性好。美国现役航母都采用这种弹射起飞方式，目前也只有美国具备生产这种蒸汽弹射器的成熟技术。另一种是拖索式弹射，顾名思义，就是用钢质拖索牵引飞机加速起飞，这种弹射方式比较陈旧，各方面都不如前者好，只有巴西的“圣保罗”号航母（原法国“福煦”号航母）仍在使用。

电磁弹射器是航母上一种新的舰载机起飞装置，已装备在美国最新下水的（2013年10月11日）“福特”号航母上。与传统的蒸汽弹射器相比，电磁弹射器具有容积小、对舰上辅助系统要求低、效率高、重量轻、运行和维护费用低廉的优点，是未来航母的核心技术之一。

与其他弹射技术相比，电磁弹射器具有五大优点：一是使用范围更广，无论是未来可能出现更重的飞机，还是当前小而轻的无人机，电磁弹射器都可以弹射。二是可用性得到了提高，当前使用的蒸汽弹射器的两次重大故障间的平均周期是405周，而电磁弹射器可以达到1300周。三是减少了运行和支援费用，只需要90人就可以操作它，比蒸汽弹射器节省30人。四是提高了能量利用率，电磁弹射器的效率大约是蒸汽弹射器的10倍，约为60%的能量利用率。五是减少对舰上辅助系统的要求，蒸汽弹射器依赖于航母提供的大批辅助系统，电磁弹射器则简化了许多，它从关闭状态到待用状态的时间不到15分钟，这让蒸汽弹射器望尘莫及。

中国在电磁弹射技术领域里一直处于理论研究和同步试验研究的小规模发展阶段。在线圈炮方面，1996年，我国曾发布了一个口径90毫米的4磁体级的样炮原型机，电能转换可以达到50%以上。我国是稀土永磁体生产大国，高磁强度稀土永磁体研究水平较高，但工程实际开发工作较少。在电磁弹射器方面，我国采用跟踪研究体制。中国电磁弹射器的发明人是海军工程专家马伟明少将。

2. 滑跃起飞

滑跃起飞是让飞机从12度左右的滑跃式甲板起飞，需要飞机发动机具有很强的推动力，在短时间、短距离内推动飞机达到起飞速度。

与弹射技术相比，滑跃起飞具有以下优点：一是不起飞时占用空间小。弹射起飞必须在航母上建造弹射器，以便弹射式舰载机起飞时达到足够大的初速度，这就需要特定区域，这个区域不能进行其他作业，专门被弹射起飞临界区占用。而滑跃起飞不需要特定区域，这就扩大了航母的可用空间。二是出动速度快。单位时间内出动架次是滑跃起飞多，因为弹射起飞需要把飞机牵引到弹射锁定器区，由专门的人员固定到锁定器上，等该人员离开后才能开始起飞。而滑跃起飞只要前面没有障碍物就可起飞。三是起飞风险小。滑跳离舰时一瞬间飞机会获得向上的力，不易坠落，且离海面较高，不会触到大浪。而弹射起飞是平着离舰，高度也低，而且弹射器弹射时巨大的过载可能使飞行员产生意识昏迷。四是不耗费淡水，而淡水是海上生存的重要资源。弹射起飞需要电磁弹射器或蒸汽弹射器，由于科技水平和维护条件等限制，大部分弹射式航母仍采用蒸汽弹射，这就必须耗费淡水。五是维护费用小，不需要斥资修复弹射器。六是战时易修复，一旦跑道损坏，修补后飞机仍可起飞，而弹射器一旦损坏，舰载机就无法起飞。

滑跃起飞还有很多优点，如技术简单、维护方便等。目前，世界上除了美国和法国，其他国家的航母都采用这种技术。

3. 垂直起飞

顾名思义，垂直起降技术就是战斗机不需要滑跑就可以起飞和着陆的技术。它是从20世纪50年代末期开始发展的一项航空技术，目前只有美国、英国的少数战斗机（如鹞式战斗机）采用这种技术。

五 “辽宁”号——我国第一艘航母

“辽宁”号航母是我国海军的第一艘航母，2012年9月25日正式服役。官方名称为中国人民解放军海军辽宁号，简称辽宁舰，舷号为16号。其外壳原为“瓦良格”号航母。

苏联在20世纪80年代开始建造第三代常规动力航母，“瓦良格”号航母由乌克兰尼古拉耶夫黑海造船厂承建。随着苏联解体和乌克兰独立，完成度为68%的“瓦良格”号航母变成了乌克兰的财产，但依然在俄罗斯海军战斗编成之内。然而，“瓦良格”号若要完成剩余的建造工程，至少需要2亿美元资金的支持，对于捉襟见肘的乌克兰来说，根本没有能力拿出这笔开支。

“瓦良格”号被长时间遗弃在尼古拉耶夫市的海岸边，其间俄罗斯也曾与乌克兰方面商谈“瓦良格”号航母的赎买问题，但谈判均以失败而告终。主要原因是，乌克兰向俄罗斯提出了一个令人难以接受的天价。

屡谈屡败的俄罗斯决定放弃。1995年，“瓦良格”号航母正式退出俄罗斯海军的编成，并以偿还债务为由将航母归还给了乌克兰。于是，乌克兰迅速地找到了出售“瓦良格”号航母的潜在顾客——中国，但美国进行了粗暴干涉：若向中国出售航母，必须将舰载武器装备全部拆除，否则将对乌克兰采取经济制裁。在美国的干涉下，“瓦良格”号航母的舰载火力配置、动力系统、电子系统、侦察系统等武器装备、仪表装置被拆卸一空，这艘航母成了一个钢铁构筑的空壳子。

1998年4月，废旧的“瓦良格”号航母被中国创律公司购买。我国租用了世界上最大马力的拖船——希腊“尼柯莱·契克”号来拖运这一无动力的庞然大物，并于2002年3月抵达我国大连港。

我国工程技术人员和造船工人对这艘废旧航母的现代化改造历经10年。

2011年7月27日，中华人民共和国国防部举行例行记者会宣布：中国正利用一艘废旧的航空母舰平台进行改造，用于科研试验和训练。世界上很多国家在航母的发展中都走过由改装起步的道路。通过改装，在尚没有能力建造大型水面舰艇的情况下，可以进行试验、积累经验、培训人才，还可以带动工业能力的提高和技术的发展，这也是根据中国的国情做出的决定。

2011年8月10日，中国航母平台进行首次出海航行试验，截至2012年8月27日，共进行了10次海试。在第二次出海试验时，航母甲板上已经标注了飞机起降区域和起飞标志线，航母舰载机也飞赴航母测试海域，进行适应性训练。

中国对废旧“瓦良格”号航母进行改造，是海军装备建设新的发展成果，标志着中国没有航母的历史从此结束。2012年9月25日，该航母正式加入中国海军序列，命名为“辽宁”号。“辽宁”号航母交接入列后将继续开展相关科研试验和军事训练等工作，对于提高中国海军综合作战力量、现代化水平，增强防卫作战能力，发展远海合作与应对非传统安全威胁能力，有效维护国家主权、安全和发展利益，促进世界和平与共同发展，具有重要意义。

“辽宁”号航空母舰长304.5米、宽75米，标准排水量55000吨，满载排水量67500吨，采用长300米、宽70米的斜角飞行甲板，舰首建有起翘12度的滑跃式甲板，飞机可以滑跃起飞。

由于“辽宁”号航母上载员人数众多，为创造良好的工作和生活环境，最大限度地保障官兵的生理和心理健康，各种生活配套设施十分完备，有现代化餐厅、超市、邮局、洗衣房、健身房、垃圾处理站等，酒吧分为闹吧和静吧两种。

"辽宁"号航空母舰

2013年11月26日,"辽宁"号舰母从青岛基地出发,赴中国南海展开为期47天的海上综合演练,其间,中国海军以"辽宁"号航母为主,编组了大型远洋航母战斗群,战斗群编列近20艘各类舰艇。这是自冷战结束以来,除美国海军外,西太平洋地区最大的单国海上兵力集结演练,亦标志着"辽宁"号航母开始具备海上编队战斗群能力。

未来，属于拥有全新思维的人

主讲人介绍

李象益，北京师范大学科学传播与教育研究中心教授。

美国著名的趋势专家丹尼尔·平克写了《全新思维》一书，这本书中提出了“时代要求具有全新思维的人”。

我们要迎接未来，就要做一个有创造智慧、创新思维的人。

一 全新思维——科普教育的新目标

1. 时代要求具有全新思维的人

美国心理学及生物学家罗杰·斯佩里(1913—1994)通过著名的割裂脑实验，证明大脑左、右两半球的功能具有显著差异，提出了两个脑的概念，即“双脑论”。研究表明，人的大脑两半球存在着机能上的分工，对于大多数人来说，大脑左半球是处理语言信息的“优势半球”，它还能完成一些复杂、连续、有分析的活动，以及熟练地进行数学计算。大脑右半球掌管空间知觉的能力，对非语言性的视觉图像感知和分析比左半球有优势。研究还表明，音乐和艺术能力以及情绪反应等与大脑右半球有更大的关系。对于正常人来说，大脑两半球虽然存在着机能上的分工，但是大脑始终是作为一个整体在工作的。

回顾历史，过去的150年犹如相继上演了两幕舞台剧。第一幕是工业时代，大量的工厂和生产流水线极大地促进了经济发展，剧中的主要角色是庞大的生产工人队伍，特征是强劳动力，意志坚韧；第二幕是信息时代，在这一时代，大量生产的场景渐褪成背景，信息和知识成为发达国家的经济动力，剧中的主要角色是知识工作者，特征是擅长左脑思维。

即将上演的第三幕舞台剧就是概念时代。这一时代的主要角色是创造者和共情能力者，特征是擅长右脑思维。其中，共情、关心和振奋情绪的能力成为许多职业所要求的关键因素。

简而言之，随着人们生活越来越富裕、科学技术越来越进步、世界联系越来越紧密，我们将步入一个创新型社会——创造者和共情能力者的社会、模式识别者和创造意义者的社会。于是，概念时代来临了。

未来将属于那些拥有全新思维的人。丹尼尔·平克开创性地向我们展示了引领未来的六种基本能力——设计力、故事力、交响力、共情力、娱乐感、价值感。这些在信息时代常常被忽视和低估的，却是每一位希望在未来获得职业成功和实现个人梦想的人需要了解并提升的能力。

2. 科学素养与全新思维

《全新思维》一书中提出的六种基本能力有哪些含义呢？

一是设计力。要成为有设计力的人，不仅关注产品或服务的功能，还要注重创意。现在强调创意策划实际上是对设计的导向作用，而设计力则体现了一种创造力，这是未来时代最根本的、不可或缺的能力。

二是故事力。故事力和设计力一样是人类与生俱来不可分割的一种能力，对应一个事物来讲，不仅要关注它的证据，还要会“讲故事”。故事将信息、知识、场景和感情等因素压缩成一个记忆包存进大脑里，更容易被人记住。在未来的社会里，故事力是人在生活、工作当中很重要的一种能力。

三是交响力。也就是整合能力，善于发现系统与整合之美。整合就是把一些零散的东西通过某种方式彼此衔接，从而实现信息系统的资源共享和协同工作，其主要的精髓在于将零散的要素组合在一起，并最终形成有价值、有效率的一个整体。

四是共情力。我们是在和人打交道而不是物品，共情不是同情，不是同情别人的不幸，而是和他人产生共鸣。

科学探索、科学研究是艰巨的创造性劳动，需要和他人沟通交流、密切合作，建立良好的人际关系，在和谐的环境中共同完成科学创造。那么，我们需要的就是一个有情感的、有理想的、有道德的、有社会责任和勇于担当的人。

五是娱乐感。娱乐感已成为企业和个人幸福的关键。科学研究不应是非常机械、严肃呆板的程序，而更应该注重它的娱乐感。正像爱因斯坦所说："仅仅有知识和技能不能使人类获得快乐。"科学研究的推动力就是好奇心和兴趣，研究者对他的研究项目应感到非常愉悦，强调朝气蓬勃的科研精神，而非过于功利的实用主义，使研究工作充满了娱乐感，以推进科学创造。

六是价值感。我们生来就是要探寻人生意义，而不是来享乐的。理想的生活并不是在惊恐中寻找奶酪，而是走完这段路程后发现人生的真谛。人类正是在不断的科学探索和修正中获得进步，从而走向更高级的文明。

丹尼尔·平克开创性地向我们展示引领未来的六种基本能力，其实就是综合科学素养的体现。因此，培养全新思维的方式方法是：提高科学素养，推动科普深度教育，注重人文科学与自然科学的结合，坚持以自然科学为基础、艺术为表现形式的基本理念与方法。科学素养与全新思维的关系如下图所示。

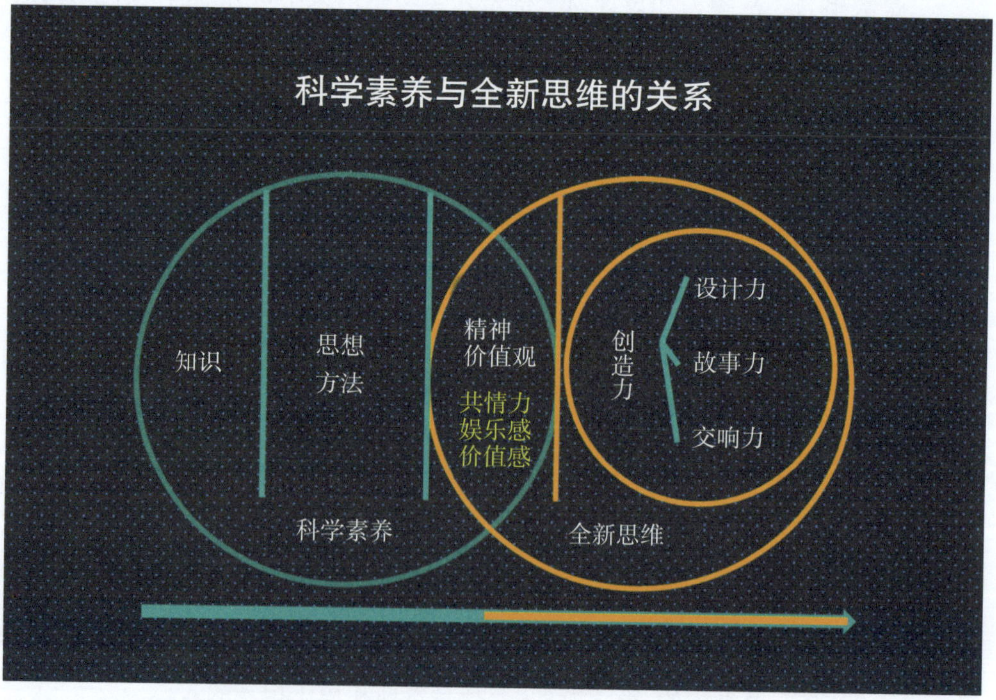

二 科普教育历史沿革及其特征

1. 科技发展催生新型科普社会教育创新

20世纪60年代发生了一个震撼世界的事件，即苏联发射了卫星。当时在美国人看来，苏联先进了，美国落后了，并因此批判了杜威的实用主义。可以说，苏联第一颗人造卫星的上天，极大地刺激了美国教育界，他们认为要着手培养创新人才。这就是科技发展对教育创新的推动作用。

如何才能培养出创新人才？要通过科普专家和科普工作者的力量去培养人才，让他们提升科普创新理念，在科普教育上掌握多元的形式与技术，鼓励科学家更多地参与科普工作。从这个意义上讲，现代科普的新理念就逐渐形成了。

在科技发展的催生下，美国旧金山科学探索馆于1969年落成，这是世界著名的科普型综合科技馆。随后，世界各国都纷纷建立起各式各样面向青少年的科技馆，这就是科普教育的创新。科普社会教育创新在于能够通过科技馆展品的形式，使科技成果转化后让学生参与、互动与体验。当今社会，公众对科普的诉求不仅仅局限于对科学知识的索取，更要利用科学的思维、思想和方法，去科学地生活和工作。

科普教育要注重科学的再创造，通过参与、互动、体验的形式，把科学性、知识性和趣味性结合起来，让公众主动参与其中。

2. 现代科普教育的基本特征

现代科普教育的基本特征体现在以下五个方面：

一是关注前瞻性、导向性的内容。在国外，内容具有前瞻性、导向性的科技馆正转变为孩子们的另一个课堂，真正课堂教育的分量也许会变得越来越轻。中国科技馆的建设，是我国首次引进“科学中心”理念建造的科技馆，也是我国在科技场馆建设方面的全新尝试。

二是将科学性、知识性、趣味性融为一体。实现科学现象的再创造，客观反映科学的原理和应用，将参观者被动参观展览转变为主动地探索与实践，鼓励参观者参与、互动、体验，将科学性、知识性、趣味性相结合，在普及科学知识的基础上，传播科学思想与科学方法，启迪智慧，培养创新思维。

三是注重科学知识、科学思想、科学方法相结合。从科普教育来看，普及科学知识是基础，但不是终点，应该进一步在普及科学知识的基础上提供科学思想和科学方法。

四是参与、互动、体验的教育方式。要努力推进高端科技资源科普化，倡导科学家和科技工作者的科学实践普及化，让年轻人在参与、互动、体验中学科学。

五是不断创新，形成特色。科普教育是全局性的，心理学、哲学、社会学、文艺创作都蕴涵着许多科技知识。要变革移动互联网背景下传统教育形式，适应泛在学习的趋势，强化深度解读，培育批判性思维。

3. 国外先进科学教育理念

一是主动学习。国外许多现代科技博物馆不设讲解员，实施开放式教育，让公众主动学习，可以自由地、跳跃式地在科学殿堂里进行探索和实践。所谓“科学中心”，就是摆脱和改变传统博物馆陈列藏品的传授式教育，通过科学的再创造，让公众主动参与、互动和体验，把科学性、知识性和趣味性结合起来，在娱乐中学科学，反映科学原理和应用，展示科学思想和科学方法，公众从被动接受知识转变为主动地探索和实践。

二是过程教育。国外非常重视通过过程教育来启发学生的科学思想、科学方法，让青少年和公众了解科学家是怎样一步步完成从不认识到认识、从错误到正确的实验过程，不但介绍前沿科学知识，还培养了科学探索能力，从而推进科学普及向深度发展。需要提醒的是，要深入体验创新科普教育还需要更多的科研院所和高校实验室对外开放。

三是科学实践。在国外是非常讲究体验的，也就是“Hands on”活动，即动手做或实践活动。“Hands on”活动的过程是提出问题—动手实验—观察记录—解释讨论—得出结论—表达陈述。在我国，参观科技馆的常规模式是走马观花，很少看到几个孩子在一件展品前驻足讨论的情况，这恰恰说明中国孩子不习惯这种“提出问题—动手实验—观察记录—解释讨论—得出结论—表达陈述”的主动学习方式。

二 当前科普教育的发展趋向

1. 移动互联网背景下的泛在教育

现代新兴技术带来了教育领域的三个转型：一是移动化，即从个人电脑到手机；二是草根化，教育技术从专家走向大众；三是趣味化，借鉴游戏的理念和经验，使教育更有活力。借助移动互联网，教育真正可以实现随时、随地和随心，也就是“泛在教育”或“泛在学习”（见右图）。

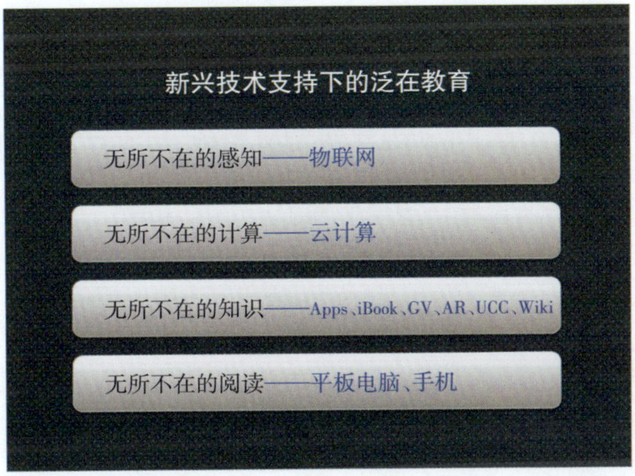

科普教育要跟上这个潮流，必然要学习新技术。借助移动互联网，科学可以

不枯燥，比如增强现实(AR)技术，让恐龙、运动的太阳系或者跳动的心脏等原来不可能触摸或看到的东西活生生地呈现在你的面前，充满了感染力，这种体验的趣味性可以极大地激发公众的求知欲。

那么，泛在教育或泛在学习会不会导致过度的碎片化，进而影响思维能力呢？不能否认，"泛"确实会产生大量的知识碎片，但这是一种必需的积累，也是形成科学素养的基础。有了兴趣，有了积累，同时因为泛在教育的便利、个性化，深度学习反而成为可能，也就形成了深度理解和批判性思维。

因此，我们要把移动互联网下的泛在教育、翻转课堂等新技术、新形式指导应用于科普实践；把魔术引入报告，生动、风趣地挖掘其中的心理学科学内涵，告诉人们科普是无处不在的。

2. 美国的应对策略——技术推动的教育模式

泛在教育的普及和推广，美国提出了对应的政策，即技术推动下的教育模式。1995年4月，美国设立了直接向总统科学顾问委员会负责的教育技术专家小组。1996年6月，美国教育部部长理查德·赖利公布了题为《让美国学生做好迎接21世纪的准备：迎接技术素养的挑战》的第一项美国教育技术规划。随后，又于2000年、2004年、2010年分别制定并发布了三次国家教育技术规划，为不同时期美国教育技术的发展指明了重点、方向及策略。

美国总统奥巴马说，要变革美国的教育，不仅仅让学生为了考试画对号、错号，而且要让他们具备批判性思维、解决复杂问题的能力、具有互助合作的精神，以及具有多媒体沟通的能力。实际上奥巴马还提出一个新的目标：教育不仅是掌握技术，还要通过这些技术达到上述这些能力。很显然，他把教育目标又提高了一步，这个目标与迎接创意时代所应具有的理念和目标是一致的。

3. 新兴技术给科普教育带来创新生机

运用云计算技术，加之以网络计算、并行计算与分步计算的手段，将推动大型科普探索活动成为现实。将云计算用于科普教育，例如“探索宇宙中的地外文明”，就要通过这样的技术手段来实现，是集科学性、知识性、趣味性于一体的大型科普探索活动。

科普作为社会教育既不同于学校教育，也不同于职业教育，其基本特点是社会性、群众性和持续性。科学普及的特点表明，科普工作必须运用社会化、群众化和经常化的科普方式，充分利用现代社会的多种流通渠道和信息传播媒体，不失时机地广泛渗透到各种社会活动之中，才能形成规模宏大、富有生机、社会化的“大科普”。

三 迎接未来，做拥有全新思维的人

1. 科学素养的综合目标

科学素养的综合目标应该体现在以下四个方面：

一是对科学的理解。人们对科学、科普的认识有一个不断深化的过程。过去人们觉得科普就是让公众认识和理解科学知识，而现在科普的根本目标在于全面提高公众科学素养，包含公众对科学的理解。

二是对科学的应用能力。现在公众对科普的要求已经不仅仅是科普的知识，而是要有科学的思维、科学的思想和方法，并将这些运用到工作与生活中去，以创造更加美好的未来。

三是科学的态度。对待科学研究必须要有认真的态度，例如居里夫人发现镭，是通过多次实验，经历了从不认识到认识、从错误到正确的过程。这种过程包含着科学家、科技工作者大量创造性的科学思想和方法。

四是科学的精神与价值观。公众科学素养的提高不仅仅是传播和普及科学知识，更加重要的是培养公众的科学精神和价值观。

2. 推进科普深度教育

国家自主创新能力与全民科技素质的高低密切相关，科技素质的提升离不开全民科普教育。如何才能提升公众对科技的兴趣，培养科学思维的习惯，推进科普的深度教育呢？

在美国，我们可以常常看到这样的事例，三五个学生聚在一起对一个问题进行思考，这就是社会上有组织的、有目的的非正规教育。现在科普教育最关键的是如何从正规教育转化到非正规教育，在这方面我国与发达国家存在一定的差距。在发达国家的儿童展区里，老师拿出一个大象的耳朵时，会提问“大象的耳朵为什么是大的”，“兔子的耳朵为什么是竖起来的”，其教育方法是向儿童提问“为什么”。而我们的教育是肯定句，“大象的耳朵是大的”，“兔子的耳朵是竖起来的”。因此我们需要用元认知概念来推进科普深度教育。

认知是指个体接受信息、加工信息和运用信息，它局限于人对客观世界的认识活动；元认知是个体对自己的认知过程进行认知，表现为人对发生的认知活动的认识。也就是说，认知是答案，而元认知是提出问题，这对于科普教育来说问题远比答案重要。我们更加关注的不仅仅是“知道它是什么”，而是要“知道它为什么”，也就是古人所说的“知其所以然”，这就是深度教育的理念。

3. 人文科学与自然科学的结合

一是科普教育应反映社会科学的人文道德理念。从丹尼尔·平克提出的六种能力来看，实际上更进一步体现了人文科学与自然科学的结合。正如爱因斯坦所说的那样，仅仅有知识和技能不能使人类获得快乐。我们要培养对个人、对国家乃至整个人类有道德观、使命感，并对社会有担当的人才，就要在教育中加入社会科学的人文道德理念。这是一种新理念、新论断和新目标，已经在世界科学教育当中形成了一种新的发展方向。

二是以自然科学为基础、以艺术为表现形式的基本理念与方法。很多自然科学道理是可以通过艺术表现形式表达出来的。举个例子，有个电视节目，说的是导演和工作人员在一个水槽里放入玉米糊，让人在玉米糊上面跳舞而不会掉下去。这是为什么呢？其科学道理很简单，玉米糊虽然是软的，会像水一样让人沉陷下去，但它存在表面张力，由于接触表面的时间很短，正压力还没传下去，表面张力就把人的重力托起来了。这是一个非常精彩的表演，电视台找了一个男生来做实验，先让男生快跑，他没有掉下去，然后再让男生减慢跑步速度，直到最后站着不动，他就掉下去了。这说明流体表面张力强度是随着压力时间的增长而衰减，压力时间越长，表面张力就破坏得越厉害。这就是以科学内涵为基础、以艺术为表现形式的科普教育节目。

三是在人文中挖掘自然科学的内涵。如何在人文科学中挖掘科学内涵，这同样非常重要。北京天坛公园里的祈年殿，整个建筑物没用一根钉子，却可以抗击8级地震；天坛公园里的回音壁，其回音效果在人们看来是那么的神奇。我们就要挖掘这些人文景观中的科学内涵来做科普，让群众在兴趣中接受科普教育。

四是培育创新思维与创新方法。萃智（TRIZ）创新方法是苏联伟大的创新发明家和创新理论家根里奇·阿奇舒勒研究探索、总结创立的一套完整的技术系统进化理论和技术矛盾解决方法体系，于1946年创立。根里奇·阿奇舒勒发现，任何领域的产品改进、技术变革和创新与生物系统一样，都存在产生、生长、成熟、衰老、灭亡几个阶段，是有规律可循的。人们如果掌握了这一规律，就能能动地进行产品设计并预测产品的未来趋势。

在发现这一规律后的数十年中，根里奇·阿奇舒勒用其毕生的精力致力于

TRIZ理论的研究和完善。在他的领导下，苏联的研究机构、大学、企业组成了TRIZ理论的研究团体，分析了世界近250万份高水平的发明专利，总结出各种技术发展进化遵循的规律模式以及解决各种技术矛盾和物理矛盾的创新原理与法则，建立一个由解决技术，实现创新开发的各种方法、算法组成的综合理论体系，并综合多学科领域的原理和法则，建立起TRIZ理论体系。也正是这一理论体系的强大功能，TRIZ理论被苏联列为国家机密，只在国内传播和应用，对外秘而不宣。直到20世纪80年代后期，随着苏联的解体，一些科学家移居海外，才将TRIZ理论传播到欧美国家。目前我国已经有3家专门研究TRIZ理论的机构。

有了创新思维才有创新方法，所以说未来将属于拥有全新思维的人。

网络信息安全的昨天、今天与明天

主讲人介绍

范渊，杭州安恒信息技术有限公司总裁兼技术总监。

根据国际标准化组织的定义，信息安全性的含义主要是指信息的完整性、可用性、保密性和可靠性。信息安全是任何国家、政府、部门、行业都必须十分重视的问题，也是一个不容忽视的国家安全战略问题。

要增强公众对信息安全的防护意识，就需全面了解网络信息安全的昨天、今天和明天。

一 网络信息战现状

随着互联网的普及，越来越多的应用和业务开始依托Web展开，各种各样的安全威胁和攻击也渗透其中。

2010年5月21日，美国国防部宣布，为了打击敌对国家和黑客的网络攻击，“网络司令部”于当天正式启动。网络司令部隶属美国战略司令部，基思·亚历山大为司令官，编制近千人。一直以来，美军各部门都在网络领域孤军作战，网络司令部将统一管理、强化对策，并将积极寻求国际合作。随后，各个国家的网络攻击应对组织纷纷成立。

接着，美国又与12个国家联合举行了为期三天的电脑网络攻击演习。这次演习名为“三号网络风暴”，模拟重要基础设施受到大规模网络攻击，希望通过演习，检查并加强各国协同应对网络攻击的能力。演习涉及美国7个政府部门、11个州、60家私人公司和12个国际伙伴——澳大利亚、加拿大、法国、德国、匈牙利、意大利、日本、荷兰、新西兰、瑞典、瑞士和英国。

2011年5月16日，美国白宫、国务院、司法部、商务部、国土安全部、国防部共同发布了《网络空间国际战略》。这份文件分为“制定网络空间政策”“网络空间的未来”“政策重点”及“继续前进”四大部分。

2011年7月14日，美国国防部在其网站上发布了首份《网络空间行动战略》的部分内容，新战略包括：进一步将网络空间列为与陆、海、空、太空并列的“行动领域”；变被动防御为主动防御，从而更加有效地阻止、击败针对美军网络系统的入侵和其他敌对行为；进一步加强国防部与国土安全部等其他政府部门及私人部门的合作；通过技术创新能力保持国家的独创性。尽管美方一再强调新战略重在防御，但从种种迹象来看，美军已经将网络空间的威慑和攻击能力提升到更加重要的位置。

以上标志着美国互联网政策第一次有了顶层设计。第一，美国视互联网、太空和海洋为全球公地。和其他两块公地一样，美国要确保在网络空间的战略威慑力。第二，在互联网上要推行符合美国利益的“保护隐私权，保证言论、集会、结社基本自由和人权”等普世价值观。第三，具体到互联网，这个普世价值观表达为“确保互联网的开放、安全和自由”。第四，美国致力于将这一价值观推广成为国际公认的价值观。第五，对于各种不符合美国利益的互联网行为，美国将运用各种手段压制，甚至军事干预，实施物理删除操作。美国借此向全世界宣示了其关于互联网空间的核心利益。

可以看出，网络空间战将不再是纸上谈兵，它已经成为各军事强国的战略必争地。如俄罗斯在2002年发布的《俄联邦信息安全学说》中，把信息网络战称为未来的“第六代战争”；英国在2009年发布的《国家网络安全战略》中，把网络攻击列为英国面临的四大威胁之一；日本在2010年5月发布的《信息安全战略》中，要求各部门构建能够应对大规模网络攻击的体制，确保网络空间安全。

随着网络技术的不断进步，网络安全问题已经成为令世界各国政府颇为头疼的问题，各类黑客威胁事件层出不穷，而一些国家将矛头指向我国，大肆渲染“中国黑客威胁论”。因此，在一个互联网连接全球的趋势已无法逆转的新世纪，如何应对这种全新的安全与挑战已经成为我国需要迫切解决的问题之一。我国也应当有能力参与到网络安全的全球治理中，向世界证明“中国黑客威胁论”的荒谬。

二 信息系统的安全现状

让我们回顾一下，从2010年至2012年的3年间，信息系统安全问题的恶化趋势。

1. 2010年Web应用安全现状

Gartner是全球最具权威的IT研究与顾问咨询公司，成立于1979年，其研究范围覆盖所有IT产业。据Gartner公司2010年的调查数据显示：75%以上的攻击行为基于Web应用层面；2/3的Web站点防御功能都相当脆弱，易受攻击。

据国家计算机网络应急技术处理协调中心（CNCERT/CC）监测数据显示：2010年国内被篡改网站约35000个，平均每月被篡改网站为2904个。

2010年，CNCERT/CC共接到网页钓鱼事件报告1566件，经归类合并后，CNCERT/CC成功处理了631件。在CNCERT/CC接收到的这些网页钓鱼事件中，被仿冒的大都是电子商务网站、金融机构网站、第三方在线支付站点、社区交友网站。

2. 2011年Web应用安全现状

据CNCERT/CC研究显示，2011年我国互联网网络安全状况继续保持平稳状态，未发生造成大范围影响的重大网络安全事件，基础信息网络防护水平明显提升，政府网站安全事件显著减少，网络安全事件处理速度明显加快，但以用户信息泄露为代表的与网民利益密切相关的事件明显增多，引起了公众对网络安全的广泛关注。

应用软件漏洞呈现迅猛增长趋势。2011年，国家信息安全漏洞共享平台共收集整理并公开发布信息安全漏洞5547个，较2010年大幅增加60.9%。其中，高危漏洞2164个，较2010年增加约2.3倍。在所有漏洞中，涉及各种应用程序的最多，占62.6%；涉及各类网站系统的漏洞位居第二，占22.7%；而涉及各种操作系统的漏洞则排到第三位，占8.8%。

在CNCERT/CC接收的网络安全事件（不含漏洞）中，网站安全类事件占到61.7%；境内被篡改网站数量为36612个，较2010年增加5.1%；2011年4月至12月被植入网站后门的境内网站为12513个。国家信息安全漏洞共享平台接收的漏洞中，涉及网站相关的漏洞占22.7%，较2010年大幅上升，排名由第三位上升至第二位。

网站安全问题进一步引发网站用户信息和数据的安全问题。2011年发生多起信息泄露事件，其中有代表性的是天涯等网站用户信息泄露事件，被公开的疑似泄露数据库26个，涉及账号、密码信息2.78亿条，严重威胁了互联网用户的合法权益和互联网安全。根据调查发现，我国部分网站的用户信息仍采用明文的方式存储，相关漏洞修补不及时，安全防护水平较低。

随着我国网上银行的蓬勃发展，网上银行面临的钓鱼威胁愈演愈烈，广大网银用户成为黑客实施网络攻击的主要目标。2011年初，全国范围大面积爆发了假冒中国银行网银口令卡升级的骗局。据中国互联网信息中心（CNCERT）监测，2011年针对网银用户名和密码、网银口令卡的网银大盗等恶意程序较往年更加活跃，3月～12月发现针对我国网银的钓鱼网站域名3841个。CNCERT全年共接收网络钓鱼事件举报5459件，较2010年增长近2.5倍，占总接收事件的35.5%；重点处理网页钓鱼事件1833件，较2010年增长近2倍。

3. 网络安全形势日趋严峻

根据网络安全形势的发展，应当关注以下几方面问题：网站安全面临的形势可能更加严峻，集中存储的网站用户信息将成为黑客窃取的重点；随着移动互联网应用的丰富和4G、WIFI网络的快速发展，针对移动互联网智能终端的恶意程序也将继续增加，智能终端将成为黑客攻击的重点目标；随着我国电子商务的普及，网民的理财习惯正逐步向网上交易转移，针对网上银行、证券机构和第三方支付的攻击将急剧增加。

根据网络安全面临的形势，我们应采取以下措施：加大网络犯罪立法、惩治和量刑力度，形成有效震慑；加大网络安全行政监管力度，增强对互联网信息和增值业务服务商的管理；加强对产品安全性的管理和规范，及时发布漏洞补丁和更新版本；强化网站和信息系统的安全防护，提高网络安全监测和应急处理能力，并加强相关人员队伍的建设；各行各业完善自身网络安全监测和应急体系建设，提高网络攻击发现和溯源处置能力；广大网民应提高自身网络安全意识，做好漏洞修补和恶意程序查杀等防护措施。

三 应用信息系统的常见安全漏洞

开放Web软件安全项目（OWASP）是一个开放社群、非营利性组织，目前全球有130个分会近万名会员，其主要目标是研讨协助解决Web软件安全标准、工具与技术，长期致力于协助政府或企业了解并改善Web应用与服务的安全性。

OWASP指出的十大安全漏洞包括：①注入；②跨站脚本；③失效的验证和会话管理；④不安全的直接对象访问；⑤跨站请求伪造；⑥不正确的安全设置；⑦不安全的加密存储；⑧URL访问限制缺失；⑨没有足够的传输层防护；⑩未验证的重定向和跳跃。

OWASP系统高危漏洞受到攻击的原因及危害：

（1）由于应用系统程序没有对用户输入数据的合法性进行判断，攻击者通过Web页面的输入区域（如URL、表单等），用精心构造的SQL语句插入特殊字符和指令，通过和数据库交互获得私密信息（用户权限、管理员权限等）或者篡改数据库信息。

加固建议：严格检查用户输入，注意特殊字符，如“,”“;”“[”“—”“||”“xp_”等；转义用户输入内容；拒绝已经经过转义的输入；使用参数化的查询；使用SQL存储过程；最小化SQL权限（禁用SA账号）；防止错误页面信息泄露；定期检测网站的安全漏洞，及时修复漏洞。

（2）由于应用系统程序没有对用户提交的语句和变量进行过滤或限制，攻击者通过Web页面的输入区域向数据库提交恶意代码，当用户打开恶意代码的链接或页面时，恶意代码通过浏览器自动执行，从而达到攻击的目的。

跨站脚本攻击属于被动式的攻击，因为其被动且不好利用，所以许多人常忽略其危害性。

跨站脚本攻击传播途径：Email、IM、聊天室、留言板、论坛、交互性平台等。

加固建议：严格检查控制用户输入；尽量限制在HTML代码中插入不可信的内容（可被用户输入或修改的内容）；对于需要插入的不可信的内容必须先进行转义（尤其对特殊字符、语法符合必须转义或重新编码）；将Cookie设置为HttpOnly，防止被脚本获取；定期检测网站的安全漏洞，及时修复漏洞；使用第三方Web应用防火墙加固整个Web应用系统。

（3）在登录表单时可以利用一些特殊字符绕过对合法用户的认证体系，这会造成对用户输入的字符不能进行安全性检测，攻击者可利用该漏洞进行SQL注入攻击。

加固建议：对用户输入的参数和发送的请求进行正确的检测、验证、过滤；使用参数化的SQL或者直接使用存储过程进行数据查询存取，严禁使用动态拼装SQL；每个应用只能使用单独的权限进行有限的数据库链接，严禁使用管理员权限的数据库链接；使用自定义的错误信息对原始错误信息进行包装，应用的异常信息应该给出尽可能少的提示；定期检测网站的安全漏洞，及时修复漏洞；使用第三方Web应用防火墙加固整个Web应用系统。

（4）由于网站设计者的疏忽、后台管理员的配置不当或失误，导致攻击者可通过某些非法手段直接访问后台数据库页面，从而获取重要敏感信息，上传木马，甚至可获取后台管理员的权限，进行删除、添加等非法操作，篡改后台数据库数据。

加固建议：在登录口加入验证，防止暴力破解；建议登录后台管理程序时使用Session验证，并记录登录日志；后台管理链接放在深目录下，并设置访问权限（如IP访问限制）；定期检测网站的后台管理漏洞，如有发现，立即修复漏洞；使用第三方Web应用防火墙加固整个Web应用系统。

（5）由于Web服务器或应用程序没有正确处理一些特殊的请求，如Web服务器配置不当，将某些重要文件暴露在互联网上，或者没有对输入的一些特殊字符和请求做适当的过滤，导致可以访问未授权的文件或动态脚本文件源代码，泄露用户名、密码、源代码、服务器信息、配置信息等敏感信息。

加固建议：敏感信息要加密并放在有一定权限的安全目录下面；正确设置各个目录以及各个目录下文件的访问权限；敏感目录和敏感文件命名要注意，不要默认命名，扩展名应隐藏或更改；严格正确的配置访问控制，完全禁止访问未被授权的页面类型（如配置文件、日志文件、源文件等），部分公开页面要限制能够访问的授权用户；使用第三方Web应用防火墙加固整个Web应用系统。

（6）由于管理员未对编辑器的用户登录路径、数据库路径和名称进行修改，未对上传文件的格式进行限制，导致攻击者可以利用编辑器默认路径获得敏感信息（如用户名、密码等）直接登录编辑器管理后台，或上传木马等恶意攻击。

加固建议：对编辑器的默认信息、关键文件的路径和名称进行修改；对可上传文件格式作严格的判断限制；对文件上传目录设置脚本执行权限为无；定期检测网站的安全漏洞，及时修复漏洞；使用第三方Web应用防火墙加固整个Web应用系统。

（7）仅包含简单数字和字母的口令，或一些具有代表性质的口令，例如“123”“abc”“admin”等，这样的口令很容易被攻击者破解。攻击者通过字典破解、暴力猜解等手段破解口令，可更进一步达到非法攻击目的，比如可获取Webshell和系统权限，进行非法操作。

加固建议：密码应是数字、字母、特殊符号的组合，至少8位以上，不要有键盘规则，定期更改用户名和密码。

四 应用信息系统面临的主要威胁

当前，重要信息系统安全面临的主要威胁大体上分为：外部系统安全、缺乏安全意识、内部越权行为、无法审计和追溯的风险。

（1）外部系统安全。由于Web需要与互联网进行交互，同时目前基于Web的外部系统越来越多，而这些系统大多存在一些比较严重的安全漏洞，如SQL注入、跨站脚本等。因此外部系统的安全（包括应用系统）是Web安全的重要组成部分。

（2）缺乏安全意识。目前，很多企业的管理人员、系统维护人员缺乏安全意识。企业没有制定完善的操作规范、审计规范，企业高层对数据安全不够重视。系统管理人员为了管理方便，设置弱口令或简化系统的安全构架，导致黑客可轻易地攻击内部系统，从而获取各种敏感信息。

（3）内部越权行为。由于在人员职责、工作流程及日常操作方面不规范，内部人员出现一些越权行为，如系统管理员通过系统配置的数据库账户查看了关键数据库中的数据，甚至对部分数据进行了修改。这些行为如果没有一个很好的方式或机制进行约束和监控，数据很有可能通过内部人员进行泄露，并且很难察觉。

（4）无法审计和追溯的风险。随着数据库信息价值以及可访问性提升，使得数据库面对来自内部和外部的安全风险大大增加，如违规越权操作、恶意入侵导致机密信息被窃取泄露，但事后却无法有效追溯和审计。

另外，审计数据库时经常存在一些问题：制定了相应的数据安全管理制度，但没有相应的技术手段进行控制；数据库安装部署时，使用数据库厂商默认配置、缺省口令、默认权限等现象普遍存在；现有的数据库内部操作不明，无法通过外部的任何安全工具（如防火墙等）来阻止内部用户的恶意操作、滥用资源和泄露企业机密信息等行为；依赖数据库日志文件的审计方法存在诸多的弊端，如数据库审计功能的开启会影响数据库本身的性能、数据库日志文件本身存在被篡改的风险，难以体现审计信息的真实性。

五 国家法律法规要求

网络信息安全是一个关系国家安全和主权、社会稳定、民族文化继承与发扬的重要问题。为此，我国政府相继出台了有关维护网络信息安全的法律和法规。

在《国务院办公厅关于进一步加强政府网站管理工作的通知》（国办函〔2011〕40号）文件中指出，政府网站已经成为各级人民政府及其部门发布政府信息、提供在线服务、与公众互动交流的重要平台和窗口，在提高行政效能、提升政府公信力等方面发挥了重要作用。文件要求，各地区、各部门要对本地区、本部门政府网站进行全面检查，重点检查以下内容：一是网站页面能否正常访问，各栏目及其子栏目内容是否及时更新；二是信息发布审核和保密审查机制是否健全；三是网站提供的各项服务和互动功能是否正常；四是网站链接是否经过管理单位审核把关，是否存在错链和断链；五是网站安全防范工作是否到位，是否采取了防攻击、防篡改、防病毒等安全防护措施，并制订了应急处置预案；六是网站管理单位和运行维护单位职责是否明确。

在《国务院关于大力推进信息化发展和切实保障信息安全的若干意见》（国发〔2012〕23号）文件中指出，大力推进信息化发展和切实保障信息安全，对调整经济结构、转变发展方式、保障和改善民生、维护国家安全具有重大意义。文件要求，健全安全防护和管理，保障重点领域信息安全；确保重要信息系统和基础信息网络安全；加强政府和涉密信息系统安全管理；保障工业控制系统安全；强化信息资源和个人信息保护。

我国政府还不断号召各级财政要加大对信息安全宣传教育和培训等公益性活动的支持，加快培养创新型、应用型信息化人才。

六 应用信息系统的攻击防范

1. 网络构架安全

一个安全的网络构架，可以有效减少攻击发生的可能性，增加攻击者的攻击难度，即使发生攻击事件也可有效降低系统的损失。

安全的网络构架应做到以下几点：将Web服务器放置在隔离区；增加中间服务器，防止Web服务器被攻击后影响数据库安全；在防火墙上配置完善的访问控制列表策略，保证访问安全；增加Web应用防火墙，保证Web应用的安全；增加数据库审计设备，当发生攻击事件时可快速追查原因。

2. 源代码安全漏洞扫描测试

明鉴CodeSec自动化Web源代码安全检测平台采用业内领先的第三代静态源代码验证技术，可有效地协助企业与开发人员在软件开发过程及项目上线后揪出Web应用程序的弱点，并清楚交代弱点的来龙去脉（如何进入程序，如何造成问题）。CodeSec内建语法剖析功能，无需依赖编译环境，任何人员均可利用Web操作与集成开发环境双接口，准确找出存在信息安全问题的源代码，并提供修补建议。CodeSec可于项目早期开发时导入，为最前瞻和高成本效益的Web应用程序安全解决方案，能够帮助企业解除网站先上线、事后再防御的尴尬。

3. 质量保证（QA）测试阶段的安全性测试

明鉴Web应用开发安全QA测试工具是将Web应用开发安全性测试无缝地整合到当前的QA环境中，从而在不影响进度或者不将注意力从重要的功能上转移的情况下，及早并经常在开发过程中测试安全性。有了QA测试工具，QA团队可以不需要增加应用安全知识的情况下，执行安全性测试，及时发现在应用程序配置和部署过程中引入的安全性漏洞。

4. 上线后的安全性测试

上线后要进行以下安全性测试：①权限控制漏洞测试；②逻辑顺序测试；③数据校验问题测试；④短信测试；⑤邮件测试。

5. 日常运行中的安全评估

常规性的Web应用安全评估是从风险管理的角度，运用科学的方法和手段，全面检测网络和信息系统存在的脆弱性，系统分析和评估安全防护水平，从而有针对性地提出抵御威胁的防护对策和整改措施，将风险控制在可接受的水平，最大限度地保障网络和信息安全。

6. 渗透测试

渗透测试是最客观、最直接的安全评估方式，模拟黑客的攻击方法，从而对系统和网络进行非破坏性质的攻击性测试，目的是侵入系统，获取系统控制权并将入侵的过程和细节报告给用户，由此证实用户系统所存在的安全威胁和风险，并及时提醒安全管理员完善安全策略。

7. 渗透测试和安全评估的区别

渗透测试和安全评估的区别主要在于：需要专业的安全渗透小组；通过各种渗透测试工具；真正模拟攻击者对系统进行测试；通过各种手段确保渗透的完整性，如使用旁注攻击、相关子域名检测、同网段攻击测试、内网渗透、社会工程学等方式；将安全从一个点扩展到一个面进行检测，找到安全弱点从而保证网络安全。

过去几年，普通人所关心的是如何防范木马、病毒、盗号等安全问题；黑客所关心的是中美黑客大战趋向如何、以挂黑页的多少来炫耀自己等问题；安全厂商所关心的是有什么好的杀毒软件、网络防火墙软件能否阻止黑客的侵害。

今天，普通人所关心的是如何防止网银钓鱼欺诈与个人隐私泄露等安全问题；黑客所关心的是如何能快速致富、如何使僵尸网络更加恐怖、如何搞高级持续性威胁（APT）攻击等。

明天，信息安全的攻防战争重点将转移到云计算、大数据、智慧城市、物联网等领域，网络战将更加风起云涌。

网络时代没有绝对安全的信息，但我们可以创造一个更安全的网络空间。毫无疑问，攻击技术和安全技术处在“道高一尺，魔高一丈”的状态，网络信息安全正在迎接新的挑战。